说话有道，
回话有招！

话术

穆子苏 著

成都地图出版社

图书在版编目（CIP）数据

话术 / 穆子苏著. -- 成都 ： 成都地图出版社有限公司, 2024. 11. -- ISBN 978-7-5557-2675-3

Ⅰ. H019-49

中国国家版本馆 CIP 数据核字第 2024K52X28 号

话术
HUASHU

著　　者：穆子苏
责任编辑：高　利
封面设计：韩　立
出版发行：成都地图出版社有限公司
地　　址：成都市龙泉驿区建设路 2 号
邮政编码：610100
印　　刷：大厂回族自治县益利印刷有限公司
开　　本：880mm×1230mm　1/32
印　　张：6
字　　数：160 千字
版　　次：2024 年 11 月第 1 版
印　　次：2024 年 11 月第 1 次印刷
书　　号：ISBN 978-7-5557-2675-3
定　　价：38.00 元

前言
PREFACE

　　著名语言学家王力说过:"说话是最容易的事，也是最难的事。最容易，是因为三岁的孩子也会说话；最难，是因为最擅长辞令的外交家也有说错话的时候。"话说得好，小则可以讨喜、动人，大则可以保身、兴邦。

　　说话是一种技巧，更是一门艺术。一句恰到好处的话，可能改变一个人的命运，一句不得体的话，可能毁掉一个人的一生。职场上，每个人每一天和同事、领导难免很多话要说；家庭中，同爱人、父母、孩子也要进行交流；社交时，同朋友、客户也需要联络感情。说什么? 怎么说? 什么话能说，什么话不能说? 这些都需要我们掌握说话的艺术。

　　会说话，可以帮你办好难办的事。同一个问题变换不同的说话方式将产生截然不同的效果。有求于人，想要拉近关系；遇到僵局，想要无形化解；遭到拒绝，想要说服对方，都需要掌握说话的艺术。说好难说的话，才能办好难办的事。

　　杰出的语言能力不只是天生的，也是可以通过后天培养训练的。本书在充分展示会说话的巨大影响力的基础上，将理论与实践相结合，以通俗易懂的语言深入浅出地论述了说话的艺术，分为懂幽默、会拒绝、善沟通三篇。从理论上，讲述了练就说话艺术的重要性、提高说话技巧的途径和方法；在实践上，指导读者如何把握好幽默的尺度，把握好说话时机，把握好调解纠纷时和激励他人时的说话分寸，掌握同不同的人说话的技巧和在不同场景下的说话艺术。阅读本书，让你轻松面对尴尬、获取提升机会、扩大交际范围，在不同的场合，面对不同的人群，说好想说的话，说好难说的话。

目录
CONTENTS

上篇 懂幽默：全世界都会欢迎你

第一章 幽默之语抵万金，小幽默有大智慧

第二章 有效沟通，幽默不能缺席

第五章　说得多不如说得好，把握幽默的分寸和时机

中篇　会拒绝：别让不好意思害了你

第一章　不迎合，你有说"不"的权利

第二章　不妥协，掌握人生的主动权

第三章　停止犹豫不决，有条件地说"是"

第四章　巧说"不"，你才对得起自己

下篇　善沟通：跟任何人都能聊得来

第一章　寻找共鸣，快速零距离沟通

第二章　赞扬有度，用自然的赞美获得认同

第三章 有理有据，句句说到心坎里

第四章 批评不伤人，反而让人欣然接受

第五章　话里有料，让安慰、鼓励的话语力量增倍

上篇

懂幽默：
全世界都会
欢迎你

第一章
幽默之语抵万金，小幽默有大智慧

幽默源于生活，为生活增趣添雅

假若把一个人的各种优良品质比作钻石的各个面，幽默感则是钻石直接面向观众的那一面，可以时时折射出智慧的光辉。幽默能让你在有限的时间和空间内一展才华，令人耳目一新、乐不可支、印象深刻。

一段幽默精彩的对话，有时会让人一辈子难忘，你的话语和你的形象会一起被人长久地储存在记忆深处。

为什么幽默能带给人无穷的吸引力呢？主要是因为幽默中闪烁着睿智的光芒，幽默可以给人带来快乐，可以缓解人的痛苦、忘记烦恼。

有幽默感的人往往思路敏捷、反应迅速，即使是面对复杂的环境和场合，也能妙语惊人、化险为夷。

有这样一个机智的报幕员。"尊敬的女士们和先生们：下面我们将请在国际比赛中多次获奖的世界著名艺术家用小提琴为我们演奏几首美妙的乐曲。"报幕员对观众说。

"可我根本不会演奏小提琴，"艺术家不好意思地对报幕员说，"我是钢琴家。"

"女士们和先生们，"报幕员说，"不巧，艺术家把小提琴忘在家里了，因此，他决定为大家演奏几首钢琴曲。这机会更难得，请大家鼓掌。"

报幕员机灵幽默的应变，把意外变成了惊喜，避免了尴尬。心理学大师弗洛伊德曾说，人类是"追求快乐的动物"，人们都喜欢让自己高兴、快乐的事，而不喜欢让自己痛苦、悲伤的事。

一个老大爷从市场小摊贩那里买了一双袜子，拿回家高兴地对老婆说："进口货！"

老婆说："穿上试试看。"

结果他不小心，劲稍稍用大了点，不料袜子竟一下子破了，致使他露出了脚趾，惹得老婆哈哈大笑道："原来是'出口'货。"

这是一对很有幽默细胞的夫妻，因为一双袜子破了，他们都能给平淡的生活创造出乐趣，这就是幽默。幽默存在于生活中的每一个角落，关键是我们要用心体会，用有趣的言语表达。只要我们愿意与生活一起游戏，我们就能处处制造欢乐。

幽默让人格焕发魅力

现实生活中，有不少人善于运用幽默的语言来处理各种关系，活跃气氛，幽默也让他们展现了自己独特的人格魅力。

事实表明，幽默的确具有强大的影响力。留心一下，我们就会发现善于理解幽默的人容易喜欢别人；善于幽默表达的人，容易被他人喜欢。幽默的人易与他人保持和睦的关系，幽默的人对他人来说具有强大的吸引力。

有人说，幽默应该像走路一样自然，讲笑话应像翻跟斗一样让人惊喜连连。有幽默感的人，往往都有好人缘，因为大家觉得跟他在一起，处处都是快乐、开心，甚至走路都是笑料频发。

说这话的人一语道出了幽默的真谛。幽默不是武器，而是用来服务生活、娱乐他人的一种特色风味调料。

说话要有技巧，要根据场合，适时说话。幽默更要有幽默之道，即使是冷笑话，只要场合、时机合适，一样会给大家带来无穷的乐趣。有一次，某男主持人在活动中对一个嘉宾开玩笑道：

你一个人在沙漠里行走，遇到了一株仙人掌。你问仙人掌："你在做什么呢？"

仙人掌没有搭理你。

你继续问："你为什么不理我呀？"

仙人掌依旧毫无反应。

最后，你大声吼道："你究竟在干什么呀？快说话！"

这时候，仙人掌终于缓缓地转过头来，淡定地回答："我在针灸啊。"

这是一则很冷的笑话，却让在场的人爆笑不止，因为主持人说的这段笑话将嘉宾巧妙地幻想成了笑话的主人公，拉近了嘉宾与他以及观众的心理距离，也展现了自身的人格魅力。

幽默作为人的思想、学识、智慧和灵感在语言运用上的结晶，是让人格魅力闪现的光彩夺目的火花。幽默看似是一种表面的滑稽，实际上它是以严肃的态度来对待对象、现象和整个世界的。它能使听者对自己的话题感兴趣，让自身的人格魅力在言谈中得以彰显。

传递快乐，收获幽默人格的影响力

时光能带走娇美的容颜，却无法让幽默的魅力褪色。聪明人懂得怎样用幽默来增添自身的魅力。在生活中，绝大多数人认为人际关系是令他们头痛的麻烦事，他们越觉得它麻烦就越不容易处理好它。于是我们会羡慕一些总受人们喜欢的人，不知他们处处受欢迎的秘诀在哪儿。其实差别之一就在于幽默人格的影响力的大小。

有幽默人格的人不仅会受到他人的喜爱，更易得到他人的帮助。然而，想要做一个受他人喜爱的人，前提是自己能带给他人欢乐，能与他人轻松愉快地相处。而一个真正掌握幽默技巧的人必定有不俗的人文素养和出众的语言表达能力。

老一辈艺术家中不乏这类人物，比如乔羽，他不但歌词写得好，而且话也说得妙。乔羽的幽默诙谐、会说能侃在京城文艺圈内久负盛名。

乔羽不是美男子，由于头发稀少，不熟悉他的人，往往容易误估乔羽的年龄。但乔羽从未感到自己老了，他说："我从18岁就开始脱发了，看来是不会再长了，索性毛全掉光，成了老猴子，倒用不着理发了。我心里从没有感到老。年龄是你的一种心理上的感受，你觉得自己老了，即使年轻也已经老了；你觉得自己还年轻，即使老了你也还年轻。"

乔羽乐观向上的精神面貌让人深受感染。他善于调侃自己，不言"头发"而称"毛"，并自喻"老猴子"，让人闻之不禁莞尔，而"倒用不着理发了"一句则透露出乔羽的豁达心境。乔羽的巨大影响力，不仅来源于他的艺术造诣，更来源于他的人格魅力。而这种人格魅力与他的幽默是分不开的。

我们再来看看美国官员的幽默。曾任财政部部长的乔治·汉弗第一次走进时任总统艾森豪威尔的办公室时，艾森豪威尔握住他的手并亲切地说："亲爱的乔治，我注意到你的梳头方式和我一样。"乔治·汉弗抬头一看，原来艾森豪威尔和他一样，都是光头。这一句话，就让初次见面的气氛大为改变。

用幽默的方式传递轻松的情绪，营造和谐的气氛，这充分体现了一些人的交际能力，他们让人如沐春风、神清气爽、困顿全消，忘却现实中的不快。一个幽默的人，会让他自己浑身充满阳光的力量，积聚充分的人格影响力。

用情感凝铸的幽默提升应对能力

30多岁的小芳在失业一年多之后，好不容易找到一份在某高级珠宝店当售货员的工作。春节前的一日，店里来了一位土里土气的年轻男子，他衣衫破旧，不时地用目光扫视那些高级首饰。

因为来了一通电话，小芳在接听电话时，一不小心把装戒指的碟子碰翻了，六枚精美的金戒指落到地上，她慌忙捡起其中的五枚，但第六枚怎么也找不着。

这时，她看到那个男子正向门口走去，顿时她猜到戒指在哪儿了。

当男子即将走出自动门时，小芳柔声叫道："对不起，先生！"

男子转过身来，两人相视无言，足足有一分钟。

"……什么事？"他嗫嚅地问道。

"我先生和我下岗一年多了，我上个星期才找到这份工作。现在找份工作真不简单，为了找份工作，我的一双鞋子都'罢工'了。"小芳神色黯然地说。

男子长久地注视着她，终于，一丝腼腆的微笑浮现在他脸上。"是的，是这样的。"他附和道。

他说："但我觉得你会在这里做得很好。"

说完，他向前一步，把手伸给她："让我握握你的手，表达我真诚的祝福好吗？"

然后，他转过身，慢慢走向门口。

小芳目送着他的身影消失在门外，转身走向柜台，把手中握着的第六枚戒指放回了原处。

不用批评，不用苛责，更不用咆哮，小芳就成功地拿回了男子偷拾的第六枚戒指。奥妙何在？情感，在此处胜过了其他技巧，这种情感不是通过眼泪来表达，而是小芳通过描述自己找工作的辛酸，用鞋子的"罢工"来幽默地说明此份工作的来之不易，进而表达了自己不方便说出口的话。由此可见，善用富有情感的幽默语言，是一种最高境界的智慧。

我们在实际生活中，都曾有过大大小小的烦恼，试试以幽默机智应对，往往会收获意想不到的效果。

第二章

有效沟通，幽默不能缺席

学会幽默地对待生活

幽默是一种生活态度，懂幽默的人会在生活中撷取到笑料，能从平实的事情中找到快乐。

有一个有趣的现象，当我们心情好的时候，会更容易进行幽默风趣的表达。这主要是因为心情愉快的时候眼界更为广阔，思维更为活跃，看到万事万物，总能进行丰富的联想，让自己的幽默思维发挥作用。而当我们心情欠佳时，注意力太过于集中，全部心思都在不开心的事情上，即使身边有大量的幽默素材，也常常无动于衷、视而不见。

同一环境里，为什么在不同人的眼睛里生活会呈现出截然相反的景象？乐观向上的人，总会以一双善于发现美的眼睛去看待生活，描绘生活的美好。而消极沉沦的人却善于放大困难，喜欢怨天尤人，生活对于他们来说总是不尽如人意。

曾经有人问大仲马："你苦写了一天，第二天怎么仍有精神呢？"

大仲马说："我根本没有苦写。我并不创造小说，是小说在我体内创造着它们自己。"

"那是怎么一回事呢？"朋友继续问道。

"我不知道，你去问一棵梅树，它是怎样长出梅子的吧。"大仲马回答道。

大仲马对待工作的态度是乐观的，他不认为自己在工作中的付出是一种痛苦。在他的心目中，工作是种极大的乐趣。他是一个善以幽默对待生活与工作的人。面对朋友的问题，他没有叫苦不迭或自顾自地侃侃而谈，他只是幽默地运用拟人和类比的修辞手法，并让朋友去问梅子的生长过程，从容幽默地表达了自己的工作态度。

人要获得成功，有时需要仰赖天赋，这是事实。但成功更需要的是我们后天的努力，我们需要从生活的土壤中汲取营养，需要从过往的经验中获得智慧。而在这个过程中，幽默的态度、开阔的胸怀，能使我们更快乐地享受这一过程，轻松到达成功的彼岸。

马尔科姆·萨金特是英国音乐指挥家和管风琴演奏家。在他70岁生日时，一个采访者问他："您能活到70岁高龄，应该归功于什么？"

"嗯，"他想了想幽默地说，"我认为必须归功于这一事实，那就是我一直没有死。"

马尔科姆·萨金特在生活中时刻保持一颗乐观的心，每天都会给自己一个笑的理由，幽默地对待生活。

生活中，我们总是祝福他人一帆风顺，然而生活并不总是万事称心，每个人都会遇到一些不尽如人意的事情。在这种情况下，要想使生活重新变得美好起来，就需要借助于幽默的力量。幽默如春风化雨般悄然改变我们的心境，于是，生活又如原先那般迷人了。从这个意义上说，幽默着实为我们饱经风霜的生活化出了一个精致、靓丽的妆。

相声、小品、喜剧这类的文艺作品往往能受到大众的广泛欢迎，正是因为它们都是以不同的方式表现出的幽默，它们能给我们带来笑声，让我们忘却生活的沉闷，使得我们身心愉悦。

幽默共享，才能放大价值

人们并不是在自己的头脑里单纯地想想就能实现幽默的价值，幽默需要共享。只有自己了解而别人却无从知晓的幽默，只是自娱自乐罢了。独乐乐不如众乐乐，只有将幽默以具体的形象，通过语言、文字、图画等表现出来，才能让人知晓，引起大家的共鸣，达到幽默的效果，创造出欢乐和谐的气氛。

有人为了展现自己的语言魅力，对幽默做了一定程度的研究，并且读了一些幽默故事，想要讲给大家听，结果却不尽如人意。再有趣的故事一旦从他的嘴里讲出来，就完全失去了原有的韵味，显得干巴巴的，毫无乐趣可言。这是为什么呢？究其原因主要是他的语言功底不够，不知道如何用嘴巴来幽默地表达。

幽默可以通过文字来让我们阅读，幽默可以通过图画来让我们观看，幽默也可以通过相声、小品、喜剧等表演的方式供我们欣赏。此外，我们在日常生活中口头交流时的幽默也极具有活力和感染力，它通过我们的随机应变来进行表达，使我们的生活充满愉悦的气息。在此，我们重点探讨一下如何口头表达幽默，启发大家随时随地运用自己的智慧，说出风趣的话语，展现自己的个人魅力，从而在大众心中留下一个美好的印象。

1986 年，在墨西哥举行的第十三届国际足联世界杯上，摩洛哥队与英格兰队交战前，英格兰队教练罗布森夸口说："在这场比赛中，我们简直可以把摩洛哥队装进口袋里。"

打成平局后，摩洛哥队的教练法里亚幽默地说："这里的天气实在太热了，罗布森先生不得不脱去外套……所以，他没有口袋把我们装起来。"

法里亚的幽默表达属于自然流露，既没有对英格兰队教练罗布森的夸口进行强烈讽刺，也没有对自己球队的实力沾沾自喜。法里亚通过天气，巧妙地为罗布森找了个台阶。法里亚的幽默表达不仅仅会给自己的球队带来兴奋的高呼，也会让对手为之佩服。

生活是一个展现自我的大舞台，更是一个锻造自我的实践基地。学会对他人进行幽默的表达，巧妙地阐述自己的观点，赢来的会是满满的快乐。

鲁道夫·宾是一位善于经营剧院的奇才。他生于澳大利亚，1949年11月，鲁道夫·宾乘船去美国担任"大都会剧院"的经理。

船靠岸前，一位记者急匆匆地赶来采访他，对他说："我想问您几个不是很得体的问题。"

鲁道夫·宾应声答道："我会给你一些含糊其词的回答。"

鲁道夫·宾的回答，可谓把幽默表达得恰到好处。

学会在轻松的气氛中幽默表达一下，能够喜上加喜；而在悲观、凝重的环境下幽默表达一下，往往能扭转困境，给生活带来无限希望。幽默表达带给人们的是情绪状态的传达，是快乐思想的传递。幽默在与人共享中，放大其价值。

幽默去除生活的平淡

生活是平淡的。正因为生活的平淡，我们才需要寻找更多的欢乐和笑声。正因为生活的平淡，我们才需要睁大双眼，学会捕捉"生活的乐趣"，用一张灵巧的嘴巴去表达，用一颗善良的心去体验，随时随地用幽默给自己带来欢乐。

一个男孩在面包房买了一块三便士的面包。他觉得，这次的面包似乎比通常买的面包小了许多，所以他对面包师傅说："我不相信这块面包有足够的分量。"

"哦，不要紧，"面包师傅回答，"这样你携带起来可以轻便些。"

"非常正确。"那男孩说，并在柜台上放了两便士。

正当他准备离开铺子时，那位面包师傅喊住他说："你给的钱少了。"

"哦，不要紧，"男孩说，"这样你可以少数几个钱嘛。"

买面包与卖面包原本是一件在生活中很常见的事情，试想换作一般人的话，买了分量不足的面包或许会找店家愤怒地理论或会私下抱怨一下。这个小男孩则不然，他听了面包师傅的解释后依葫芦画瓢，既然面包师傅说分量不足的面包携带起来可以轻便些，那么少给面包师傅几个钱也能减轻他数钱的负担，幽默的效果油然而生，让人不得不佩服小男孩的机智与幽默。

生活中平淡是常态，而幽默的人常常能够将平淡的生活变得生动起来。因为他们拥有一双善于发现的眼睛和一份豁达的心境。哪怕是生活中最为普通的事情都能够引起他们的兴趣。正如一句话所说的那样："生活不是缺少美，而是缺少发现美的眼睛。"

一次，一位著名漫画家去河边钓鱼，才一会儿的工夫，就有一条鲫鱼上钩了。在多数人眼里这并没有什么好奇怪的，有鱼上钩当然是很正常的事了，可是漫画家哈哈大笑，说道："我还没想钓到鱼呢，还想再静坐一会儿呢，它居然这么着急上钩，肯定是一条傻鱼，哈哈哈……"

在漫画家的世界里，鱼儿由于过早地上钩竟被贴上了"傻鱼"的标签，由此可见漫画家的这份幽默。

所以，我们要在生活中时刻保持一颗幽默的心灵，幽默面对生活中的得意或者失意，善于在平淡的生活中发现幽默的素材，并用幽默的语言表达出来。只要我们善于从多个侧面、多个角度去看待生活，就能从平淡的生活中找到快乐的理由，让欢乐来到我们身边。

完善自我，懂得幽默生活

当今社会，竞争异常激烈，人们就像蜗牛一样每天背着厚重的壳为生活奔波。面对巨大的压力，有些人的心理变得敏感而脆弱。为了保护自己不受伤害，他们把自己紧紧包裹起来，不敢向别人敞开心门，不敢与人交往。久而久之，他们变得越来越孤独，越来越麻木，直到最后，变得完全不知道应该如何与人交往。

一个人在社会上生存，总要与人打交道，人际关系是否和谐，直接关系到自身的幸福感。幽默是人际关系的润滑剂，当人际关系紧张的时候，如果能及时用幽默去化解烦恼，也是一种智慧。幽默最大的好处是能带给人无尽的快乐，有幽默感的人，总能营造欢乐融洽的氛围，因此也就更容易拥有别人的友谊或爱。

著名主持人瓦莲金娜·列昂节耶娃在一次节目中向观众介绍一种摔不破的玻璃杯。彩排几次都很顺利，谁知现场直播时竟出了意外，杯子被摔得粉碎。而这时，成千上万的观众正看着屏幕。她灵机一动说："看来发明这种玻璃杯的人没考虑过我的力气。"瓦莲金娜·列昂节耶娃的一句话，让整个演播大厅哄笑了起来。

瓦莲金娜·列昂节耶娃用一句话化解了尴尬的场面，充分显示出她的智慧和应变能力。

幽默突显了乐观和豁达，是一种开阔的胸襟。美国学者特鲁·赫伯曾说过："要运用你的幽默力量去主动与人交往，在与人接触的最初一刹那，幽默就已经帮你把自己的壳打碎了。"在一般情况下，幽默能活跃气氛，使僵硬的人际关系瞬间活跃起来，使一触即发的紧张局势立刻恢复平静。

幽默的形式多种多样，有自嘲式、讥讽式、哲理式等。根据对象不同，要使用不同的幽默形式，这样才能达到比较好的效果。一般来说，对朋友要运用哲理式、自嘲式，对敌人则运用讥讽式。

幽默，是需要建立在情理之中、素养之上的，幽默要在欢笑之余，能给人以启迪和思考，而不能仅仅是毫无意义的胡说八道、卖关子、耍嘴皮子，否则，就流于低俗，而称不上幽默了。

恩格斯曾经说："幽默是智慧、教养和道德感的集中表现。"在人际交往中，以诚待人，再适当添加一点幽默，无疑能促进友谊的发展，使人与人之间的相处变得轻松自然、妙趣横生。当人们需

话术

要帮助时，幽默地说出自己的需要，可以避免尴尬，也有助于事情的顺利开展。幽默是一门艺术、一种品质和修养，总是与诚实、善良、真理息息相关，而与虚伪、险恶、谬误格格不入。

因此，要想做一个真正幽默的人，首先必须具备乐观、豁达、诚实、善良等美好的品质。只有这样，才能使人更加信任你，更喜欢与你交往，感受更多的乐趣。完善自我，带上幽默的智囊，你的生活才会从此充满与众不同的雅趣，变得精彩。

幽默是甜蜜爱情的守护神

生命是一朵花，爱情是花蜜，而幽默则是采花酿蜜的蜜蜂。

爱是人与人之间的感情交汇。世上的男男女女，爱的方式是千奇百怪的，但不管怎样，幽默在爱情中都扮演着一个守护神的角色：在危机时刻，它给人提供安全感；在悲观时刻，它会引导人向快乐的方向发展。

大学时，一位男生喜欢上艺术系的一位漂亮女孩，却不知道她的名字，也一直苦恼没有机会与她搭讪、接触。有一天，机会终于来了，他看见那位女孩走进一家牛肉面馆，他毫不迟疑地跟着进去了。他走到那个女孩身边，鼓足勇气看着她，心跳得厉害。他想和她搭讪、问好，却不知说什么好，就只好问名字。他有点紧张地向这位女孩开口问道："我经常在校园里看见你，请问你叫什么名字？"

那位女孩很纳闷地抬头看着他，说："我叫牛肉面啊！"她显然不想报上真名，但这位同学没有气馁，他红着脸"哦"了一声，改口道："那么，我也给自己起个面名吧，我就叫阳春面。"女孩的脸上立刻露出灿烂的笑容。

后来，这位"牛肉面"真的成了"阳春面"的妻子，这就是幽默的神奇效果。

幽默是爱情的催化剂，男女约会时，双方若能以幽默的口吻交谈，可使感情快速升温。有不少年轻小伙子相貌堂堂，举止文雅得体，也很有些个人特长，不乏"男子汉"的风度，但每每情场失意，关键就缘于不善幽默。相反，富有幽默感的人谈情说爱总能成功。

有一个小伙子爱上了一位姑娘。一天，他来到姑娘家，两人在火炉边烤火。最后，他说道："你的火炉跟我妈的火炉一模一样。"

"是吗？"姑娘漫不经心地应道。她还以为这是小伙子随便说的一句话。

"你觉得在我家的炉子上你也能烘烤出同样的牛肉馅饼吗？"他幽默地问。

姑娘愣了一下，随即悟出了问话所含的意思。她欢悦地答道："我可以去试试呀！"与这样风趣的青年在一起，姑娘的幸福感可想而知。

幽默的求爱方式，往往更有魅力，更富有让人心动的浪漫情趣。

有一位男青年在给女友的信中说："昨夜，我梦见自己向你求婚了，你怎么看呢？"他的女友巧妙地回答："这只能表明你睡觉时比醒着时更有感情。"

这位女青年的语言，蕴含了多少机智和幽默。

有交往，便会有矛盾，如果我们善于用幽默的方式来化解矛盾，让对方的心总是被快乐拥抱着，你想不被他深爱都难。所以，幽默的言谈举止常常是促成美事的关键。

幽默是免费的红娘，助你早日被丘比特的爱情之箭射中，助你在爱情的海洋中畅游。如果你正打算恋爱，或者已经恋爱，不要忘记随时为自己准备一份幸福的"保鲜剂"——幽默。

一对刚结婚不久的小夫妻，因为一件很小的事就大声争吵起来，俩人又都在气头上，所以，谁也不肯让谁。一怒之下，妻子拿出旅行箱开始收拾自己的东西，说要回娘家。丈夫没搭理她，而是自己坐在一边生闷气。

妻子收拾完衣物后，伸出手跟丈夫要路费，丈夫拿出 50 元钱递给她，一句话也没说。妻子拿着钱却没有走的意思，直愣愣地看着丈夫。

终于，妻子忍不住生气地说："我回来的路费你不给报啊！"

丈夫看着她，淡定自若地说："带着我这么大的一个钱包，还抵不了来回的路费？"

眼看着就要开始冷战的两个人，因为双方幽默的调侃重归于好。

善用幽默的人不仅能够很好地处理家庭关系，与同事、朋友相处也能够游刃有余。一个人如果善于创造幽默，不仅可以让自己如鱼得水、左右逢源，更能笑对人生、豁达处世。

幽默代替握手，提高交谈质量

人们见面的时候，总要握握对方的手。不知道是从什么时候开始的习惯，也不知道握手最初究竟代表什么意思。美国幽默杂志《趣味世界》的编辑雷格威为我们解开了这个疑问，他说原始人见面握手，是为了让对方放心，表示他们手上没有携带武器；现代人见面握手，是表示我欢迎你。而如果以一种幽默的方式来打招呼，则是表示我特别喜欢你，我们之间可以共享很多乐趣。

美国前总统林肯曾在会见某国总统时，还没有握手就幽默地说原来我的个子还没有你高，口吻随意亲切，就好像在和自己的朋友说话一样，让对方放松下来，拘束感也消失了。

一个人见到一位陌生人的时候就说："我一定在哪儿见过你，好面熟呀！"另外那个人愣了愣，说道："是吗？这不可能。"谁知那个人一本正经地说道："是的，即使在梦里，我也可能见过你。"说完，那个陌生人就被逗乐了。

以上这些幽默的打招呼的方式，把两个陌生人瞬间联系在一起，没有任何隔阂与不适，一切都进展得那么自然、轻松和愉快。

有位心理学家说过，如果你能使一个人对你有好感，那就可能使你周围的每一个人，甚至是全世界的人都对你有好感。在人际交往中，学会充分利用幽默的语言去打动人、感染人，会更容易获得别人的好感和信任。尤其在初次和陌生人交流的时候，幽默能瞬间拉近两人之间的距离。

在一次竞选总统的活动中，一位演说家念了一封写给总统的信，通篇都是总统的伟大功绩，最后却出人意料地来了一句："总统，请原谅我用蜡笔写这封信，因为我们这儿的政府不准我用任何尖锐的东西。"

幽默语言中的趣味和智慧

有些幽默的语言，不仅让大家发笑，也让人产生一些深刻的思考。

作家大多都会认真观察生活，注意周围的环境变化，倾听别人的谈话，并阅读大量的书、报、杂志，积累自己的写作素材。他们喜欢听别人讲故事、讲笑话，以此来获得自己创作的灵感。英国著名作家萨克雷说："一个有幽默感的文人肯定性格仁慈，十分敏感，容易产生痛苦和欢乐，能敏锐地觉察周围人们的各种情绪，对于他们的欢乐、爱恋、乐趣和悲哀能感同身受。"鲁迅是当代中国最杰出的作家之一，他不仅才思敏捷，笔锋犀利，而且也非常幽默。有一次，他和家人在一起聊天，他的侄儿看他的鼻子特别扁，就问其原因，鲁迅幽默地说道："我经常碰壁，时间久了，鼻子就被碰扁了。"这引得全家人都大笑不止，其实鲁迅这句话暗含着苦涩，但是旁人难以理解，其中的辛酸只有鲁迅自己才明白。

我们每天都会与别人聊天，不管是和同学、朋友，还是和同事、家人，适当增加一些幽默的谈话内容，不仅能提高交谈质量，还能增加人与人之间的感情。

在生活中，我们会发现一些小广告极其幽默，富有创造性，总能吸引别人的眼球。比如，有家当铺在其门口贴了一则橱窗广告，它的广告语是：当之无愧。还有某打字机的广告写道：不"打"不相识。

这些小广告都是人们智慧的结晶，经常搜集这些有趣味的东西，人也会变得越来越幽默，越来越有趣味。

自如畅谈，幽默调节气氛

有时候，有的人在单位里见到同事，竟然低头不语，装作没看见，自顾自地走过去。乍看起来，这种人似乎很高傲。其实不然，他们并不是高傲，而是害羞、胆小，连很普通的招呼都不知道该怎么打，也不喜欢有事没事都露出微笑，所以，见人只好假装没看见。这类人除了可以和三四个密友谈天说笑之外，面对其他的人，就不知道该说些什么，无法与其自如畅谈。

其实，一个人说话水平发挥得如何，与说话时的气氛很有关系。说话时的气氛好，人的兴致便高，谈兴也较浓，这样便会使人放下包袱，倾心畅谈。反之，说话时的气氛不好，人的情绪就很难调动起来，一旦觉得乏味，也就不会有什么说话兴致了。比如，当我们在与自己的家人或亲友交谈时，一般气氛都较好，几乎不需要思考，就能根据在报上看的、从广播里听的、在街上听的，关于昨天、今天或明天的，重要的或一般的事情聊个没完。但是，当我们遇到初次见面的人、地位显赫的人或内向的谈话对象时，往往很拘束，很难一下子就形成良好的轻松气氛，这样谈话就没有那么顺利了，还有可能使大脑一片空白，完全想不出该说什么话。所以，为了使我们说话的胆量有所提高，为了能使自己成为一名具有良好口才的人，我们在与他人交流时，要设法创造一种轻松和谐的说话气氛。

幽默是营造这种气氛必不可少的元素。不论何时，在何种社交场合，幽默的力量都会帮助你创造一种愉快的气氛，并且使你更有人情味。你可以适当开些玩笑，在笑声中化解紧张的情绪，这种方式很容易使气氛达到高潮。

幽默的智者往往不会在乎形式，不会拘于小节，他们居于高处不忘其形，怀有一颗质朴淡然之心。他们懂得在合适的场合用幽默的语言来调节气氛，不会让人感受到压抑，幽默的人到哪里都是一副和蔼可亲的模样。

总之，我们无论在什么情况下与什么人说话，用幽默创造轻松和谐的说话气氛都很有必要，这样有利于我们在平和放松的心态下与人顺畅地交流。

第三章
你有多幽默就有多讨人喜欢

幽默可以营造良好的谈判氛围

谈判是我们每个人在生活和工作中不可缺少的活动。当我们为了达到某种目的，或获得某种利益，而需要和有关方面达成一致意见时，就要和对方进行商谈，这种商谈就是谈判。

谈判中采取幽默的姿态，可以缓和紧张的形势，创造友好和谐的会谈氛围。双方在轻松一笑的同时，缩短了心理距离，弱化了对立感。

谈判的双方要相互尊重。不管双方代表在个人身份、地位上有多大差异，他们所代表的组织在力量、级别等方面如何强弱悬殊、大小不均，一旦走到谈判席上，在法律地位和人格方面都是平等的。但是，有的谈判代表自恃地位高，或背后实力强大，在谈判中傲慢无礼，对另一方挖苦攻击，试图在气势上压住对方，迫使其屈服；也有的代表自身涵养不好，谈判不顺利时恼羞成怒，对另一方侮辱谩骂。在此类情况下，被攻击的一方想要不辱使命，不失气节，又不致激化矛盾使谈判破裂，可以使用幽默的语言回敬无礼的一方，有礼有节地控制场面。

幽默能缓和人们之间紧张对立的局面。谈判者代表着各自的利益阵营，往往很难轻易地让步，谈判期间难免产生一番唇枪舌剑的苦斗，有时甚至会到剑拔弩张的地步。这时，如果某一方代表说些幽默的话，或讲个小笑话，大家笑一笑，气氛就有可能得到缓和，双方可以继续谈下去，直至取得成功。

卡耐基认为，对于任何谈判者，理想的气氛应是严肃、认真、紧张但又不失活泼的。这可以说是总结了谈判之所以成功的内在妙诀。他建议每位谈判者努力为自己所进行的谈判营造这一良好气氛。

美国谈判学家卡洛斯认为，但凡谈判都有其独特的气氛。善于营造谈判气氛的谈判者，其谈判谋略的运用便有了很好的基础。我们有理由认为，合适的谈判气氛亦是谈判谋略的一个重要组成部分。良好的谈判气氛有助于谈判者发挥自己的能力。

谈判气氛有时是自然形成的，但多数情况下是人为营造的。谈判者能感受到不同的谈判氛围，能运用谈判气氛影响谈判过程的谈判者，精明之人深知谈判气氛对谈判结果的影响。

谈判气氛形成后，并不是一成不变的。本来轻松和谐的气氛可以因为双方在实质性问题上的争执而突然变得紧张，一步就跨入谈判破裂的边缘。这时双方面临最急迫的问题不是继续争个"鱼死网破"，而是应尽快缓和这种紧张的气氛。此时，幽默无疑是最有力的武器。

幽默助你在社交场上游刃有余

在一次小型的联欢会上，观众席上有一个女子问某位小品演员："听说你在全国小品演员中出场费是最高的，一场要 1 万多元，是吗？"

这个问题让人左右为难，如果这位小品演员作出肯定的回答，那会为自己招来麻烦；他也不好作出否定的回答或回避这个令人尴尬的问题，于是小品演员毫不犹豫地采用了转移话题和类比的方法。

小品演员说："你的问题提得很突然，请问你是哪个单位的？"

"我来自一家电器经销公司。"那位女子说。

"你们经营什么产品？"小品演员问。

"有电视机……"女子答道。

"一台电视机卖多少钱？"小品演员接着问道。

"4000 元。"女子回答。

"如果有人出 400 元，你卖吗？"小品演员继续问道。

"那当然不能卖，一种商品的价格是由它的价值决定的。"女子非常干脆地回答道。

"那就对了，小品演员的价值是由观众决定的。"小品演员顺着她的话说道。

在社交场合，语言是自己的第二形象，如果在回答中出现了失误，就会被别人抓住把柄，从而给自己带来不必要的精神负担。因此，睿智的幽默回答既给予令对方满意的答复，又不会伤害到自己。幽默是一个人在社交中能够游刃有余的"保护膜"。

在日常生活和工作中，我们经常会遇到一些令人尴尬的问话，如果我们拒绝回答，那会使你显得傲慢无礼；如果套用外交用语"无可奉告"来回答，又会给提问者造成心理上的失望与不快。那么，我们不妨学一学小品演员岔开提问者的话题从另一方面去回答的技巧，这样不仅可以消除尴尬，而且还顺利回答了对方的问题。

在社交场合中，有时会遇到自己不想公开，而别人又偏偏要打听的事或者自己偶然触及对方的伤痛、忌讳及隐私，出现了尴尬的局面。这时，以周围的环境为媒介，以幽默的话语迅速转移话题便是一种有效的应急措施。

幽默是一门艺术、一门学问。幽默能展示我们的文明素养，展示我们仁慈宽厚的胸怀，展示我们愉悦欢快的心态。幽默是尽释前嫌、化解恩仇的"阳光"和"雨露"，幽默是社交场合的"通行证"。

在社交活动中，我们应该在幽默的同时尊重他人，幽默需要温文尔雅，需要语言的美感，而不是自以为是地出言不逊、恶语伤人。请记住，有风度的幽默才是社交场上无往不利的法宝。

幽默可帮助上司赢得下属的心

做好管理工作真的不太容易，有人说做事容易做人难，管得重了有反效果，管得轻了效果不佳。在此，我们还是举一些生活实例来加以说明，看看有幽默感的上司是如何赢得下属的心的。

身处高位的领导、负责人，在人们的心目中往往有一种高不可攀的印象，而有远见的上司往往运用幽默的力量来改变他们在下属心中的形象，改善下属对他们的看法。

有一位叫 A 的年轻人，他所在部门的经理对下属非常严厉，员工背后都叫经理"雷公"。有一天，A 从外面回来，看到经理的座位是空的，以为他不在，就问同事："雷公不在吗？"说完发现在屏风的另一边，经理正与客户谈业务。A 坐立不安，以为大祸临头。客户走后，经理来到了 A 身边，A 惊恐地向经理道歉。没想到经理微笑道："雷公并不一定是在夏天才会出现的。"

经理通过幽默改变了他在下属心中的形象。上司对于下属的批评与责备，有时是必需的，不可缺少的，然而，事实上，又有几个人愿意别人对自己批评与责备呢？一贯的批评和责备很难使自己的下属信服，批评和责备要讲艺术，否则便会周遭树敌。鉴于此，如果话语中带着幽默的语气，通过满面的笑容表达出来，就冲淡了批评和责备的意味，在说者无意、听者有心的情况下，保全了对方的自尊，也达到了自己要求对方改进的目的。

作为领导，当你运用幽默的语言去教导别人时，你会发现更容易改善他人。幽默的力量能改善你自己的将来——因为你的下属或同事会更加认同你，与你配合得更好，你的工作也能更顺畅地开展。

妙用幽默拉近与别人的距离

说好话着实不容易。幽默作为交际关系的缓冲装置，可缓和一触即发的紧张局势。幽默可以让我们完美地跳出一支人际探戈，可以促进人际关系的和谐。

爱丽丝在一个公司里任接待员，她负责接待访客，接听电话及做一些访客的资料登记、管理工作。有一次，一个人打来电话，给她出难题，要求道："我要和你的老板说话。"

"我可以告诉他是谁来的电话吗？"爱丽丝问道。

"快让你的老板接电话，我马上要和他说话。"对方继续要求道。

"很抱歉。他花钱雇我来接电话，似乎很傻。因为10个电话中有9个是找他的。"爱丽丝礼貌地答复道。

来电话的人笑了，然后把他的姓名、电话号码及诉求告诉了她。

爱丽丝既要得知是谁找老板，又不能得罪对方，只好采取幽默的方式，用看似自嘲的方式逗笑对方，让对方转变态度，配合了自己的工作，达到了皆大欢喜的效果。

如果一位职员总是板着脸、难得一笑，不懂变通、不会迂回，那他就很难给客户留下好印象，其成功的希望也就因此而渺茫得多了。

用诙谐幽默的语言来说明事理，可以使人在轻松和愉悦中感受其深刻的内涵，这就是人们常说的寓庄于谐。拥有幽默的才能的人，更容易获得上司的赏识与青睐。如果你是个幽默的职员，晋升或者加薪的好运会离你更近；如果你是一个不善言谈与不幽默的人，就需要不断地学习与改善。

幽默不只是说一说笑话，让人笑过就罢了，真正的幽默是有内涵的，是能更快亲近人的方式。真正的幽默会让我们在生活和工作中更加自信。国外曾经有学者做过调查，成功人士的幽默程度往往比一般人要高。他们的幽默广受人们的欢迎，助力他们快人一步地拉近与别人的距离。

用幽默奠定友好的沟通基调

友好、诚挚、认真的沟通氛围，对于沟通双方来讲，都具有重要的意义。大家都知道，在沟通中，双方寒暄的那一段时间非常重要。如果沟通初始即是片刻沉默，双方便很容易陷入尴尬的气氛。

这时，双方都应该调整情绪，放松各自的精神状态。

用什么形式来打破沉默，把融洽氛围贯穿到沟通中呢？对此，没有什么固定的模式，不同的人有不同的方法。只要对形成活跃、友好的沟通氛围有利，什么方法都是可取的。

双方除了态度要友好、诚挚以外，最好还要用语言表现出适度的幽默，这对形成友好、融洽的沟通氛围是非常有利的。适度的幽默对建立好的沟通氛围极为有益。

在有些场合，面对有些人，沟通开始的时候，双方都会有些紧张或者不自在，特别是第一次与人交流的时候更是如此。当一个人的内心产生某种强烈欲望的时候，他很快就摆出备战的状态。处在这种备战状态的人，由于戒备而紧张。这时，幽默能让沟通双方放松，能够平添情趣，打破紧张的局面，创造祥和的氛围。

在一次音乐盛典的颁奖晚会上，著名歌星周华健和影视明星瞿颖一同为"香港地区最受欢迎流行歌曲奖"获得者颁奖。周华健和身材高挑的瞿颖一上来便开始了对话。

周华健：今天在后台，想到要跟你一块儿出来，我挣扎了很久。

瞿颖：内心非常矛盾，是吧？

周华健：非常矛盾。我想请问一下，上面的空气好吗？（假装仰头）

瞿颖：还好了，没有那么夸张。

周华健：我真的很好奇，我真的很想问你每天都吃什么，可以长这么高。

瞿颖：基本上我最爱吃的是火锅。我也经常问我父母这个问题：我为什么长这么高呢？他们每次都不回答这个问题，只是非常骄傲地看着我。

周华健：我有一首歌要唱的是《我儿子比较烦比较烦》，因为我从今天开始就要我儿子早餐、中餐、晚餐都吃火锅。

瞿颖原本是个时装模特，身材高挑。周华健问瞿颖的一句"上面的空气好吗"，既夸张又贴切，之后又幽默地向她讨教了"吃什么能长那么高"的"秘诀"。这种轻松、愉快的开场白，立刻让现场活跃起来。

用幽默赢得听众的心

幽默并不需要多少华丽的言辞，而是巧妙运用幽默的方式或凭借幽默的力量，赢得听众的心。

在一次综艺晚会上，艺人凌峰登台，有这样一段自我介绍：

在下凌峰……这两年，我们大江南北走了一道，男观众对我的印象特别好，因为他们见到我觉得自己有点优越感，本人这个样子对他们没有任何威胁，他们很放心（大笑），他们认为本人长得很中国（笑声），中国五千年的沧桑和苦难全都写在我的脸上了（笑声、掌声）。一般来说，女观众对我的印象不太良好，有的女观众对我的长相已经到了忍无可忍的地步（笑声），她们认为我是人比黄花瘦，脸比煤球黑（笑声）。但是我要特别声明，这不是本人的过错，实在是父母的错误，当初并没有征得我的同意就把我生成这个样子（笑声、掌声）。但是，时代在变，潮流在变，现在的男人基本上可以分为三种：第一种，你看上去很漂亮，看久了也就那么一回事，比如我的好朋友刘文正；第二种，你看上去很难看，看久了以后是越看越难看，比如我的好朋友陈佩斯（笑声）；第三种，你看上去很难看，看久了以后你会发现，他另有一种男人的味道，这种就是在下我这种了（笑声、掌声）。鼓掌的都表示同意了！鼓掌的都是一些长得和我差不多的（笑声），真是物以类聚啊！（笑声、掌声）

这段话的前半部分是凌峰的自贬，似乎是他故意虚拟了一段男女观众对其"丑"的评价，以形象生动的语言描绘自己的老、瘦、黑，这就将自己的"丑"嘲讽得无以复加了。接着，表达了对父母未征求他"同意"就把他生成这般模样的"埋怨"。然后，他巧妙地提出所谓"男人分类"的"理论"，而且根据这个"理论"，在嬉笑逗乐中"顺理成章"地既贬低了那些以貌取人的人，又顺带"美化"了自己。更出人意料的是，最后，他竟用幽默的语言与观众进行了互动。

他的自嘲话语跌宕起伏而且挥洒自如，成功地将全场听众置于幽默的氛围之中，进而赢得他们的心。

话 术

幽默可增强演讲人的感染力

演讲虽然也是讲话的一种，但是它和我们日常的讲话是完全不同的。我们日常的讲话，是为了交流思想、联络感情、协调行动而说的。这样的讲话，都是人们你一言我一语地脱口而出，对于语言在有些方面的要求并不高，人们的交谈是相互的，交织进行，所以是散漫的、随意的。

但是演讲就不同了，演讲要求语言具有明确的目的性和逻辑性，需要演讲者精心准备。演讲现场是由演讲者、听众两部分组成的。演讲是一种靠演讲者的独白来打动听众、感染听众的传播方式，没有了互动、交谈，就避免了内容的杂乱、不统一，可以使得演讲者能够明确地阐述自己的观点，但是同样也是因为这样，演讲者在演讲中要注意语言的准确、明白、生动和幽默。

林语堂是著名的作家，他淡泊名利、与世无争。他的诙谐幽默不仅体现在生活中，在演讲台上也时时展现。

林氏大宗祠建成后，人们举行了隆重的庆祝典礼。林语堂被邀请参加。主持人在向众人介绍了林语堂后，由林语堂做了一场精彩的演讲。

他说："林氏家族有很多名人，早已载入史册。在《水浒传》里有个林冲，是十万禁军教头；在《红楼梦》里，有个女才子林黛玉；在《镜花缘》里，有个旅行家林之洋；还有一个是世界上很有名的大人物，他就是美国的大总统林肯。"

林语堂话音刚落，就赢得了大家的笑声与掌声。

幽默演讲虽然是艺术化的、独白式的表达，但这种"艺术化"有一定的规范，它是受现实活动的目的和效果制约的有限艺术，实际上只是一种手段性的艺术，如同技能、技巧。

幽默演讲不同于评书、单口相声或诗朗诵一般。评书、单口相声、诗朗诵虽然也是"一人讲，众人听"，但是它们属于艺术范畴，是艺术活动，是艺术活动中的语言表达形式；而演讲是现实活动，它是现实活动的语言表达艺术，而不是艺术活动的语言表达。

有一次，基辛格应邀演讲，主持人介绍完他之后，听众起立，台下响起了一片掌声。最后掌声终于停歇，听众坐了下来。这时基辛格开始说："我要感谢你们停止鼓掌，因为要我长时间做出一副谦虚的表情是很困难的。"

此语一出，台下响起了阵阵的笑声。基辛格简短的一句话却寓意十足，他一方面向大家表示了自己在名利与荣耀面前的谦虚与淡定，另一方面将自己的幽默与睿智毫无疑问地展示了出来。

在我们的生活中，演讲是很常见的，只有演讲者善用幽默的技法发表自身的意见和看法，才能增强感染力，为观众带去更多的欢声笑语，也才能为自己带来更多的掌声与笑声。

幽默是友情的"润滑剂"

友情是荒漠中的绿洲，是黑暗中的指路明灯。友情，让我们的生活充满了温情，值得我们倍加珍惜。

在每一个值得庆祝的日子中，请不要忘记和朋友们联系。在每一次与朋友的相见、交谈中，请不要忘记给朋友送上一杯用幽默榨成的开心果汁。幽默的沟通，会让朋友之间的关系不断升温，会让友情在欢笑中更加牢靠。

我们经常在节日里赠送礼物给别人，而送礼物之时，不可能每次都大手笔地购买贵重的礼物，但便宜的小东西又很易于被人遗忘。最好的办法是，在赠送礼物的同时，附上一张小卡片，写上几句幽默的话语，不但显得礼轻情意重，而且能使对方记忆深刻。

有一位苏格兰人，曾这样打电报给他的朋友："由衷地祝贺你，1978 年到 1988 年的新年、生日、结婚纪念日快乐！"

有时，朋友会提出一些你无法接受的要求，但若生硬地拒绝，又容易伤害彼此之间的感情，运用幽默，则能使人避免这样的情况发生。

罗斯福在当选美国总统前，曾在海军任要职。一天，他的一位朋友向他打探海军的一个保密计划。罗斯福向四周看了看，压低嗓门说："你能保密吗？"

"当然能。"朋友爽快地答应了。

"那么"，罗斯福微笑着说，"我也能。"

忠于老朋友的同时，我们也应该注意结交新朋友。初见"新朋友"时是陌生人，幽默能够迅速拉近彼此的距离，使彼此感到相见恨晚。

一个小伙子失恋了，整天躺在床上长吁短叹，谁也劝不了。一位乐观的朋友来到床前拍拍他："嗨，哥们儿，快停止叹息下床吧！失恋的滋味真的那么好？值得你不吃不喝整天躺在床上专心致志地品味？"小伙子笑了。

一句幽默的话让失恋的小伙子忍不住笑了起来。这充分说明了幽默的巨大影响力。

作家冯骥才在美国访问时，一个美国朋友带儿子去看望他。他们正说话时，那孩子爬上床铺，站在上面拼命蹦跳。这时，冯骥才如果直接喊孩子下来，势必会使其父产生歉意，也让人觉得自己不够宽容。于是，冯骥才笑着对朋友说："请您的孩子到地球上来吧。"那位朋友没有对孩子指责，而是顺着冯骥才的思路，同样不失幽默地回答道："好，我和孩子商量商量！"

与朋友相处需要默契，不要认为友情比较稳固，就可以肆无忌惮地说话、做事情。与朋友之间的相处，同样需要用心经营。当朋友以幽默的语言给予自己提示的时候，要善于听出言外之意，然后调整自己的语言或行为。

在友情经营的方面，幽默是最好的"润滑剂"。

话术

幽默的言辞有助于巧答他人

姚明常常是在没有准备的情况下接受采访的，但他总能幽默对答，侃侃而谈。有时他尽情坦露心怀，好像一个开朗的大男孩；有时他又言简意赅，宛如一个充满哲思的智者。他的一些回答，简练精辟，三言两语中蕴含着思想的深度与生活的乐趣，让人回味无穷。

1. 避实就虚，以简驭繁

记者：最伟大的球员总是努力提高他们的技术，你想提高什么技术？

姚明：我想学会各种技术，以便更好地帮助球队，任何能更好地帮助球队的技术我都要学习。

按照一般人的思路，姚明应该具体说说自己想提高什么技术，比如勾手投篮、后仰投篮、转身跳投等，但如果这样，就会啰啰唆唆，没完没了。姚明没有按照记者的思路回答，而是站在更高的角度来回答这个问题，说"任何能更好地帮助球队的技术我都要学习"，这样回答，避实就虚，以简驭繁，涵盖面广，包容量大，显得滴水不漏。这种用变化发展的观点、全面看问题的思维方法和应答技巧，要比单纯就事论事高明得多，反映了姚明思想的深刻和应答技巧的成熟。

2. 先果后因，辩证思维

记者：你认为自己职业生涯的顶峰何时到来？

姚明：我也不知道自己何时会达到顶峰。对我来说，我并不希望顶峰到来，因为到达了顶峰就预示着要走下坡路了。我希望每年都有长进和提高。

姚明何时能达到职业生涯的顶峰，是很多球迷和记者津津乐道的话题。那么，姚明自己怎么看呢？当记者把这一问题抛给他时，姚明首先实事求是地说"不知道"，然后表示自己"不希望顶峰到来"。身为运动员，谁不希望早日达到职业的顶峰，谁不渴望早日取得令人瞩目的成就？姚明却说"不希望顶峰到来"，这让记者和旁人都感到不可思议。然而姚明紧接着道出原因："因为到达了顶峰就预示着要走下坡路了。我希望每年都有长进和提高。"简练的话语说出了一个真理：顶峰过后必是衰落，正所谓物极必反。这个回答反映了他的辩证思维，以及永不停息的进取精神，给人极大的鼓舞。

从回答的技巧上看，先说结果"不希望顶峰到来"，再说原因"到达了顶峰就预示着要走下坡路了"，先果后因，话讲得跌宕起伏，让人疑惑之后豁然开朗。如果先说原因，后说结果，平铺直叙，效果就差多了。

3. 认识全面，概括精辟

记者：中国队赢球是不是靠运气？

姚明：靠运气、勇气、实力加信心！

王仕鹏以 3 分绝杀的方式助中国队 1 分险胜，很多人认为这是运气。对此，姚明斩钉截铁地回答："靠运气、勇气、实力加信心！"姚明首先承认有运气的成分，因为竞技体育向来就有一定的偶然性。但是，偶然中体现着必然。胜利毕竟不能只靠运气，它还需要实力做基础，在一定实力的基础上，始终怀着必胜的信心，有敢于和对手一拼到底的勇气，才能有机会获得最后的胜利。实力、勇气和信心，才是最终获胜的根本。一支意志薄弱、一击即溃的球队，即使场上有再多的运气，也不会有胜利之神光顾。姚明的话道出了一个哲理：有实力、有勇气和有信心，运气才能起作用。他的话虽然只比记者的话多了几个字，却道出了取胜的本质原因，因此更具典型性，更有说服力，更能鼓舞斗志。精辟的概括之中，蕴含着思想的深度，让人佩服不已。

姚明在应答时，除了如上所述善用比喻、精于概括，还经常用到对比、类比等方法，有时幽默诙谐，有时妙趣横生，有时富含哲理。我们如果能在欣赏姚明精湛球技的同时，品味一下他接受采访时应答的技巧，将是另一种艺术享受。

从姚明的幽默回答中，我们可以清楚地认识到，世界上其实本没有什么不好回答的问题，只要我们掌握了幽默的本质与技巧，善于运用发散性思维寻找突破口，巧妙的回答将"口"到擒来。

幽默打造推销时的圆融交际

在推销时，人们常常会用到幽默。幽默可以消除双方的紧张感，使整个交际过程轻松愉快，充满人情味。

推销时，不仅要有丰富的知识、热忱的态度、良好的服务意识、非凡的勇气和韧性，还要有充足的幽默感。想要拥有优秀的交际才能，需要具备幽默的心态，掌握一定的幽默技巧，并且时时不忘在实际生活与工作中进行实战练习。

首先，要有幽默的心态。心态指引着言行举止，言行举止影响着沟通的进程与结果。

一位房地产经纪人领着一对夫妇向一套房子走去，他想把这套房子卖给这对夫妇。一路上，他为了推销这套房子，一直喋喋不休地夸耀这套房子和这个居民区："这是一片多么美好的地方啊，阳光明媚，空气洁净，到处是鲜花和绿草，这儿的居民都很健康、充满活力。"

就在这时，他们看见一户人家正在忙碌地搬家。这位经纪人马上说："你们看，这位可怜的人……他是这儿的医生，因为很长一段时间都没有病人光顾，他不得不迁往别处开业谋生了！"

听到这句话，夫妇俩不禁乐了起来，他们一直想要一套比较安静、适合养老的房子，尽管经纪人在前面说了很多精彩的夸赞与吹嘘，夫妇俩只是姑且听之，但是他这不经意的一句玩笑话，竟把夫妇俩打动了。最后，这位经纪人与这对夫妇达成了交易。

其次，要有幽默的表达。沟通中语言要风趣，具有诱惑性，诱惑性的幽默是达成共识的催化剂。

最后，要有幽默的技巧。幽默作为一种艺术，需要一定的技巧来升华艺术的表现形式与带给人们艺术效果。

大家都很清楚，推销是一项艰辛的事情，推销除需要绝对的自信外，还需要惊人的幽默才能。我们再来看看下面这位农民是如何来推销他的猫的，想必大家一定会从中得到启示。

一个巴黎古董商到外省去旅行，希望碰运气发现一些稀罕的东西。他常常在一些小村庄停留下来，借口买鸡蛋，观察人家家里的物件。

一天，他在一个农民家里发现了一件稀世奇珍——一只中世纪的小碗，可它被主人用来盛牛奶给猫喝。

古董商按捺住心头的兴奋，故意显出不在意的样子，对这个农民说："你这只小猫多漂亮啊！我想把它买去给我的孩子，你同意吗？"

"当然可以。"这个农民答应了，并要了一个相当高的价钱，古董商照付了。接着古董商装出很随便的样子说："我想把这只碗也带去，因为这只猫已经习惯在这里吃东西了。"

"啊，不行，"这个农民说，"我已靠它卖掉 6 只猫了。"

这位农民的回答质朴又有趣。

推销场合是没有硝烟的战场，处处充满了竞争与隐藏的陷阱，谁若不进步，就意味着会被淘汰出局。在生意沟通的过程中，口才的力量不可小视，幽默的力量更应该重视。幽默的沟通往往会让双方在口舌交战中，达成最后的合作。

推销场合的幽默可以是一种随机应变的机智，也可以是一种巧言妙语的引导，它将在和谐的氛围中真正实现有商有量，将会给对方留下良好印象的同时促成最后的合作。

第四章
出奇制胜的幽默解围术

化解尴尬，幽默让窘迫变无形

在生活中，尴尬的事情总是潜伏在我们身边，不经意的一句话或许就会让自己出了洋相。没有人喜欢尴尬，然而，有一种人从来不会害怕尴尬的降临，这种人就是懂幽默的人。因为幽默可以让他们运用智慧与应变能力，化解尴尬于无形之中。

有个年轻人刚学会开车，去兜风时车子熄火，一时发动不起来，后面的司机气得猛按喇叭。年轻人满头大汗地下了车，走到后面车子的旁边，敲敲车窗。后面的司机横眉竖目地摇下车窗，原以为年轻人是来找麻烦的，没想到年轻人对他笑道："先生，这样好不好，你来替我发动车子，我来替你按喇叭，好吗？"

这位年轻人是有着足够涵养的。他没有与他人发生口角，而是在向他人表示理解的同时用一句出人意料的风趣话化解自己的尴尬，他巧妙地请求别人为自己发动车子，婉转表达出车子发动不了，不是自己有意为之，希望得到谅解。这幽默的一句话比争吵更能解决问题，事实上，这句话也让后面的司机转怒为喜。

幽默除了可以让意外的尴尬消失于无形外，还可以将自己的意见表达得更加生动。

一个作曲家带了自己的作品去找意大利著名作曲家罗西尼。罗西尼在听他弹奏的时候，每隔一阵儿就脱一次帽，然后又戴上。作曲家感到很奇怪，就问他是不是觉得热。罗西尼说："不，我只是有一种习惯，不管什么时候，遇见熟人我就把帽子脱下来打招呼。而在你的曲子里，我觉得很多东西是从我的熟人那里来的。所以我不得不连连脱帽打招呼。"

这究竟是怎么回事？从罗西尼的反应和他的一番幽默解读中大家就明白这个作品到底是怎么回事了。让人生气的事，他却说得令人发笑，显然，用幽默来沟通这件尴尬的事情更具风度和趣味！

从以上两个事例可以看出，幽默是思想、才学和灵感的结晶，它使语言在瞬间闪出耀眼的火花。而这火花在沟通中的作用和能量，绝非普通言辞可比。它可以将窘迫化为无形，却又能将道理讲得清楚。

有一次，萧伯纳遇到一位胖得像酒桶似的牧师，他跟萧伯纳开玩笑说："外国人看你这样干瘦，一定认为英国人都在饿肚皮。"萧伯纳谦和地说："外国人看到你这位英国人，一定可以找到饥饿的根源。"

当别人嘲笑你的时候，要用幽默来回敬对方。幽默感是避免人际冲突、缓解紧张关系的灵丹妙药，不会造成任何损失，不会伤及任何人。如果活动中出现尴尬局面，说句逗笑的话是能使双方摆脱窘迫的好办法。例如，两个班级联欢，男女舞伴第一次跳舞，由于一方的舞蹈水平低发生了踩脚的情况，说"没关系"，这样礼貌的话可能会加重对方的紧张，如果用一句"地球真小，我俩的脚只能找一个落点了"，可使双方欢笑而心理放松。

尴尬是在生活中遇到处境窘迫、不易处理的场面而使人张口结舌、面红耳赤的一种心理紧张状态。在这种时候，有些人会感觉比受到公开的批评还难受，甚至会引起面孔充血、心跳加快、讲话结巴等。主动讲个笑话逗大家笑，绝对是减轻该症状的良方，尤其是在很多人看着你的时候。

口吐方圆，幽默话为他人解围

人的一生中总会遇到很多纠缠不清的事情，就像一个个难解的结一样给人造成许多困扰。清官海瑞一生中为许多人解开了无数的难题，了结了无数的难断官司。

明朝嘉靖年间，发生过这样一件事。某地一位农民上街，在一家米店门前，不小心踩死了店主的一只雏鸡。

这位米店老板平日就蛮横不讲理，见雏鸡被踩死，暴跳如雷，揪住农民不放。虽然农民连连道歉，一再说明不是故意的，店主却不依不饶。他大声地呵斥着老实的农民，责令他赔偿九百文钱。

一只雏鸡哪值得了九百文钱呢？这店主明明是敲诈。那农民自然不服，两人就争吵起来。店主理直气壮地嚷道："你别看这是一只雏鸡，喂几个月就能长到九斤呀！怎么不值九百文呢？"两人吵来吵去，一直吵到了县衙里。

海瑞听完双方陈述以后，心里如明镜一般。他心想一只雏鸡竟让人家赔九百文，也太黑心了，这是明目张胆地欺侮乡下人呀！他决定惩罚一下这位恶店主。

海瑞想了一会儿，便开口了："踩死人家的鸡自然应当赔偿，这理所当然，有什么可争吵的呢！"

店主一听，县官向着自己，于是连连点头说："是的，老爷说得极是！"

海瑞接着说："究竟赔偿多少呢？这倒要好好考虑。"

他停了一会儿，望了一眼店主，说："你说得也有道理。雏鸡自然是要长大的，长大到九斤，值的钱肯定也会多些。所以你要九百文赔偿，也还是合理的！"店主听了，满心高兴，他迫不及待地连声说："还是老爷英明，老爷英明啊！"农民一句话也没说，他心中很生气，他想，这官怎么这样糊涂呢！

海瑞责成农民付钱，农民哭丧着脸，只好从衣兜中掏钱，掏来掏去，只凑足了六百文。海瑞一看，便说："差的钱，我替你补上吧！"

店主喜出望外地收了钱，还数了数，他真是满意极了。正当他准备离开时，却被海瑞叫住了。海瑞对他说："且慢，这案子还没审完呢！"店主一听，感到莫名其妙。

海瑞大声对两人说："刚才他已按价赔偿了雏鸡，现在要谈另外一项赔偿，这样才公平啊！"他对店主说："你想过没有？一只雏鸡长到九斤该费多少粮食呀！俗话不是说'斗米斤鸡'嘛！就按一只雏鸡长到一斤要费一斗米算，那么九斤的鸡就该费粮九斗呀！现在这雏鸡死了，你就不必费粮食了，你不就省下了九斗米吗？所以你应该把这九斗米折价给他。这样双方就都不相欠了，这案子才公平！"店主一听，目瞪口呆，气得说不出话来。这时农民脸上现出了笑容，洋溢着感激的神情。

在海瑞的催促下，店主只好将九斗米的价钱给了农民。这样，店主可亏大了。

如果海瑞没有机智的思维，没有幽默的才能，那么他就不会在绕一个弯子之后达到自己公正判案，为农民解围的目的。幽默具有强大的力量，幽默并不只是仅仅用来活跃气氛，它还用来为他人提供帮助与支持。

请君入瓮，幽默助你扭转局势

语言是思想的外化，是智慧的化身。我们要在这个社会中发展、壮大，就离不开说话，离不开和别人沟通。你是否曾有这样的经历：你被邀请在众人面前发言，可是大脑一片空白；在公司的重要会议上，别人能侃侃而谈，你却在座位上始终一言不发；你是领导，在与下属沟通时，每次都觉得远未达到理想的效果……

这些情形并非罕见，据调查显示，有一些人把当众讲话看作比死亡还恐惧。但是，在这个充满激烈竞争和挑战的时代，会说话是实现卓越人生的一种有效的资本。现在越来越多的人把会说话当作一种制胜的武器，并提出"知识就是力量，口才就是资本"的新理念。会说话的人言之有物，能用笑的智慧为他人排忧解难。

从前，一户农民为了浇地正在修渠，水渠从一个地主的土地边缘经过。因为农民没及时与地主商量，那地主就借机向农民敲诈。

一天，地主来到渠边，恶狠狠地责问农民："谁让你在这里挖渠的？你知道吗，你挖断了我地里的'气运'了，你得在三天之内赔偿我的损失！"

看着地主那气势汹汹的样子，老实的农民不敢说话，他对这无理的要求又不能置之不理，只好赶忙去向智者求助。

这户地主仗着自己有钱，平日里就横行乡里，从不把其他人放在眼里，智者早就不满了。如今他又明目张胆地欺侮乡亲，智者也很不平。于是便对农民说："别怕，这事由我来处理。"

三天的限期到了，智者把乡民召集到地主的那块地里，让那户地主与挖渠的农民都到了现场。

智者指着那农民问地主："你说他挖渠，挖断了你地里的'气运'，是这样吧？"

"是的，他挖断了我地里的'气运'，对我影响很大呀！"地主回答说。

智者又问地主："你的'气运'究竟在哪里？"

地主用手往水渠边一指说："就在这里！"

智者于是看了看地主所指的地方，他走过去，然后蹲下身来，用鼻子在地上仔细地闻了闻，接着，站了起来，大声地说："完全是一块臭地！"

"臭地？绝不可能！"地主大声地反驳说。接着，他也蹲到地上，认真地嗅了嗅说："什么臭地呀！你怎么闻的？根本没有一点儿臭味！"

智者这时高声地问地主："真的不臭吗？"

地主肯定地回答道："是呀，一点儿也不臭！"

这时，智者转过身来，面对大家很严肃地说："现在大家都听清楚了吧！他刚才说，这'气运'所在的地方，一点儿也不臭。既然一点儿也不臭，就说明这地里的'气运'根本没有挖断。要是真的挖断了，今天已是第四天了，哪能不臭呢？"

大家都会意地笑了，那个地主被气得目瞪口呆。

这一招"请君入瓮"实在是用得恰到好处。将计就计，设好圈套让地主往里钻，从而免去了敲诈。智者的幽默很简单，运用了地主的"道理"，巧妙地以其人之道还治其人之身，那么地主当然不能再狡辩，否则岂不是要打自己的脸吗？

所以说，幽默并不是肤浅的，幽默的力量需要恰当的技巧将其展示出来。对待什么人，什么话，用什么形式的幽默，要因情况而异。一个懂得幽默的人是对自己智力的充分利用。

巧言妙语，幽默让你化险为夷

一个明智的人懂得用自己的言语来挽救自己和他人的困窘，有很多会说话的人就凭着三寸不烂之舌在危急时刻巧言善辩，使自己和他人化险为夷，这是何等颖悟绝伦！

纪晓岚中进士后，当了侍读学士，侍伴乾隆皇帝读书。

一天，纪晓岚起得很早，进宫后等了很久，还不见皇上来，他就对同来侍读的人开玩笑说：

"老头子怎么还不来？"

话音刚落，只见皇上已到了跟前。因为他今天没有带随从人员，又是穿着便装，所以没有引起大家的注意。皇上听见了纪晓岚的话，很不高兴，就大声质问："'老头子'三个字作何解释？"

旁边的人见此情景都吓出了一身冷汗，纪晓岚却从容不迫地跪在地上说：

"万寿无疆之谓老，顶天立地之谓头，父天母地之谓子，简称为'老头子'。"

皇上听了这一番解释，就转怒为喜，不再追究了。

纪晓岚开了不适宜的玩笑，使自己陷入困境，可他随机应变，运用曲意直解，巧妙地将玩笑中的"不敬"解释为"至尊"。不但化险为夷，而且化辱为恭。

会说话的人，往往也是懂得幽默的人，他们在危难的时刻能够依靠自己的幽默语言来打动别人，化险为夷。

主动出击，幽默助你掌控局面

幽默的人可以让自己掌控局面，而不是让不利的局面左右了自己的心智与手脚，懂得幽默的人可以对一些状况应对自如。

举世闻名的指挥家斯托考夫斯基，有一次在纽约指挥交响乐团演出。没想到时间到了，还有迟到的听众慌慌张张地进来找位子。已坐定的听众仍在窃窃私语。已经站在台上的指挥家实在无法立即挥动手中的指挥棒，于是转过身去对听众说："各位先生、女士，画家把画画在纸上，音乐家则把音乐谱在'寂静'之上。今晚，我们负责供应音乐，而各位必须负责供应寂静。"

当这两句话说完之后，音乐厅立刻寂静得没有一点儿声音。指挥家满意地点点头，转过身开始挥动手中的指挥棒。

幽默的人不会惧怕外界的躁动与吵闹，他们可以通过自己智慧的语言赢得属于自己的安静。懂得幽默的人，会更容易接近梦想，因为他们比不懂幽默的人更容易受到他人的欢迎与关注。懂得幽默的人，容易成为交际达人和生活的赢家。因为，他们可以让自己的优势变得更加突出，亦可以将自己的劣势隐藏起来。

美国第27任总统塔夫脱的身材十分肥胖，他的体重高达150多千克。他生性豁达，所以对肥胖的身材不仅不在意，反而常拿它开玩笑。

塔夫脱年轻时曾任报社记者。一天，他到俄亥俄州某处采访。工作结束后，他发现除非搭上一班直达的火车，不然就赶不回报社。

塔夫脱灵机一动，打电话问铁路局："直达火车可否在某某站停车，以便一个庞大的团体上车呢？"

铁路局答应了他的请求。等火车到站后，车长问他："那个庞大的团体在哪儿呢？"

塔夫脱指指自己肥胖的身材说："在下便是。"

幽默的沟通不仅避免了尴尬，还让自己扭转了被动的局面。幽默的人具有圆滑处世的能力，能够让事情的结果都掌握在自己的手上。

美国前总统里根在一次白宫钢琴演奏会上讲话时，夫人南希不小心连人带椅跌落在地，观众发出惊叫声。但是南希很快灵活地爬起来，在两百多名宾客的热烈掌声中回到自己的位置上。这时，里根便插入一句："亲爱的，我告诉过你，只有在我没有获得掌声的时候，你才应该这样表演。"台下又是一阵热烈的掌声。

里根总统幽默的一句话，就将夫人尴尬的局面化解，将自己机智的人格魅力展现在了演讲台上。

在幽默的人的眼中，世界充满了轻松、快乐、温馨和平和，世界的主基调是欢快的，自己的人生的主基调也是欢快的，在一切突发的事情中，好的抑或不好的，完全由自己掌控。

打破冷场，让幽默及时出手

在日常生活和社会交往中，尤其是在比较正式的场合，如聚会、议事等，常会出现冷场现象，令彼此都很尴尬。冷场，在人际关系中无疑是一种"冰块"。打破冷场的技巧，就是及时用随机应变的幽默融化妨碍交往的"冰块"。

在谈话中善于抓住对方的话题，风趣接话，可以使我们的谈话变得顺畅，从而使谈话氛围活跃起来。有时当我们夸奖对方取得的成绩时，对方谦虚地自评表现"一般"。倘若我们不接着话茬说下去，就有点赞同对方的自评，容易冷场。这时，我们可以这样回答："一般一般，世界第三。"这样回答，就接住了对方的话茬，做了风趣的夸奖。

在气氛不活跃时，我们可以针对一些事情进行别致的解释，其效果往往会出人意料，从而活跃气氛。

冷场的出现，往往与"话题"有关。"曲高和寡"会导致冷场；"话题淡而无味"同样会引起冷场。不希望出现冷场的交谈者，应当事先做些准备，使自己有一些幽默素材，以备不时之需。

用幽默将批评转化成激励

上司对下属的批评不是任意而为的，是非常讲究技巧的，如果硬邦邦地斥责，只会伤害他人的自尊心，让对方失去信心，一蹶不振。那么，如何让对方能够心甘情愿地接受自己的批评呢？适时、适度地加入幽默元素的批评会显得温厚而让人易于接受，这不只能让下属认识到自己的问题所在，还可以对其工作产生积极的激励作用。

"金无足赤，人无完人。"在繁重的工作任务中，下属难免会犯这样或那样的错误。身为上司，应该设身处地地为下属考虑，不能一开始就当头呵斥。这样的批评不仅让对方难以接受，还起不到激励的效果，给下属留下一个不好的印象，影响工作热情。这个时候，不妨先压制一下自己的怒气，让自己平静下来，换一种方式。试着对下属微笑，用你的幽默去感染他，这样一来，能够轻松地让下属认识到需要改进的地方，既有助于提高下属的工作能力，又有助于上司和下属的关系更加融洽。作为一个睿智的上司，何乐而不为呢？

　　麦克是某公司的职员，有一天他找了个借口说要参加祖母的葬礼，所以要请假一天。结果这件事情被上司识破了，知道他是故意编理由请假不上班的。第二天，等到他回到公司，上司就拦住了他，说："麦克，你相信人能死而复生吗？"麦克还不知道发生了什么事，便不假思索地回答："当然相信。""这就对了，"上司微笑着说，"昨天你请假参加你祖母的葬礼，她今天就到公司来看望你了。"听领导说完，麦克知道自己的借口被识破了，于是便主动承认了错误，并表示今后一定认真工作。

　　这个上司的幽默中透露着睿智，轻松地让下属承认了错误并下决心改善自己。所以，在工作中，如果想要成为一个受人敬重的领导，就需要具备一些幽默的技巧，它们能让你在管理下属的时候达到事半功倍的效果。有的时候，面对下属的错误，不要直截了当地批评，试着把下属的一些错误与幽默的批评方式结合在一起，则会起到更好的效果，也更容易让上下级的关系更深入一步，对工作的改进产生很好的帮助作用。

把握幽默分寸，打造活力社交

一个高品位的、乐观自信的、胸怀坦荡的人，往往也具有幽默感进而让自己拥有足够的活力与吸引力。反之，若是没有脱离低级趣味的，悲观自卑的、心胸狭隘的人，也很难拥有幽默感和足够的活力和吸引力。想要把幽默表达得合理，便要分清场合，把握好幽默的"度"。在表现幽默口才时，若没有把握好幽默的尺度，那必将对自己的形象和自己在别人心目中的分量产生不利的影响，甚至对两人之间的关系也有直接的影响。因此，把握住幽默的分寸极为关键。

需要我们特别注意的是：切不可挖苦和嘲笑别人，也不能模仿别人的动作和说话语气来取笑别人；幽默的语言应该是很精练的，唠唠叨叨、啰唆个没完同样惹人反感。而那种低俗的滑稽、没有营养的幽默，只会让表达者得到"小丑"的名声，对个人形象来说绝无益处。没完没了的幽默，只会失去幽默本身具有的魅力。一旦发现自己的幽默能够引起听者的兴趣，或者可以把气氛调动得愉悦欢快，那就应该毫不犹豫地继续下去。反之，马上闭嘴是正道。

表现幽默时还应注意到听者的特征。要根据不同的性别、身份、地位、阅历、文化素养和性格表现出不同的、具有针对性的幽默。一般来说，那些关系比较密切的熟人、朋友之间对幽默的尺度接受得稍大点，哪怕开有些过火的玩笑也无碍大局。但如果你所面对的是那些半生不熟的、性格内向的人或者是领导、客户、长辈等，那么幽默的尺度稍大就不适宜了。

幽默也同样有禁忌，尤其是在公共场合，就更要注意开玩笑的尺度，即使是最轻松、最简单的幽默，也要把握住分寸。当然，这并不是说公共场合就是一个不苟言笑的地方，在某些时候，公共场合的玩笑可以起到调节紧张情绪、减轻压力的作用。但切记这个时候的玩笑绝不能过分，最重要的是绝不能在异性面前说那些具有低级趣味的笑话。否则，必将为人所不齿。

在公共场合的幽默一定要注意到以下几方面：

（1）有些玩笑是伤人的，在拿别人开玩笑之前，应该问问自己：自己能否承受得住这样的玩笑。

（2）玩笑完全在于时机的选择。开玩笑的对象不是太忙的时候，可能认为这个玩笑有趣，但当他正在赶工时，对于你的玩笑可能就觉得没那么有趣了。

（3）记住别人的忌讳，不要在开玩笑时触犯他们心中的伤疤。

总之，把握分寸、学会察言观色，才是使用幽默最重要的环节。

把握地域禁忌，避开别人的忌讳

我国地域广阔，方言习俗各异。同一个环境里，不可能只由本地人组成，一定还会有其他各地的人，要特别注意这点。不同的地方，语言习惯不同，自己认为很合适的语言，在其他不与你同乡的人听来，可能很刺耳，甚至认为你是在侮辱他。

各地的风俗不同，说话上的忌讳各异。在与别人交往的过程中，必须留心对方的忌讳话，否则，极易伤害彼此间的感情。即使对方知道你不懂得他的忌讳，情有可原，但你还是冒犯了他，是不利于增进双方的友谊的，因此应该特别留心。

各地的风俗习惯不同，所以各地的禁忌也形形色色、五花八门。因此，当我们在和外地人交谈时，首先就要了解一下该地域的文化背景，尤其是当地的禁忌，以免在交谈中使用了不恰当的语言，触犯了别人的忌讳，从而引起误会，甚至妨碍了人际交往。

比如，到内地来投资的香港商家很多，他们说话时都爱讨个吉利，所以，我们在与港商进行洽谈，当地认为不吉利的话就不

话术

要说。像"四"与"死"谐音，在他们面前说"四"就会犯忌讳。他们对"六""八""九"这三个数字颇有好感，因为听起来很像大吉大利的"禄""发""久"。掌握了这一点，你讨价还价时，不妨向他们讨个吉利。

在两广地区、香港、无锡等地，到饭店去用餐，如果吃猪舌，可千万别直呼其名。因为在粤语中"舌"与"蚀"同音，"蚀"即亏本。特别与这些地方的商人一起用餐，你若说"点个炒猪舌"，他们肯定会觉得不快。因为在平时，他们总是称猪舌为"猪利"或"赚头"。

"金利来，男人的世界"——这句广告词曾经耳熟能详，令"金利来"领带风靡神州。殊不知，它也曾有过被消费者拒之门外的经历呢。

"金利来"，原名是英文的意译——"金狮"。

有一天，金狮有限公司董事长曾宪梓先生，将两条"金狮"领带送给一个亲戚，亲戚一脸不高兴地说："我才不戴你的领带呢。金输、金输，什么都输掉了。"

原来，粤语中，"狮"与"输"读音相近。为了避免犯这个忌讳，曾先生当晚一夜未眠，冥思苦想，绞尽了脑汁，终于想出了万全之策。

他将GOLD依然意译为"金"，却将LION音译为"利来"，即"金利来"。这个名字体现了曾先生对消费者的文化传统、风俗习惯以及消费心理的尊重。终于，"金利来"这个品牌一炮而红，经久不衰。

可见，只有"入乡随俗"的商业活动，才能真正抓住顾客的消费心理。

注意幽默尺度，避免踏入"雷区"

在人际交往的过程中，幽默是一种润滑剂，它对我们处理人际关系有着巨大的促进作用。幽默是两颗甚至更多颗心灵之间的碰撞，是爱和友谊的催化剂。幽默的人所到之处，都会给沉闷的气氛增添欢笑和融洽。所以说，如果把生活比作菜肴，那么幽默就是一味给菜肴增加色香味的调料。

但你要知道，即使再有味道的调料也不能任意使用，就如同给菜里放盐，适当的量会让菜肴美味可口，但要是放得太多，便会变了味道。同理，适度的幽默会让生活变得多姿多彩，但要滥用，则会对别人造成伤害，不仅达不到目的，反而会让事情的发展进一步恶化。

某公司有个年轻的女孩，没有坏心眼，唯一的缺点就是说话不经过大脑，嘴边没个把门的。稍有不慎，就把别人得罪了。

一天午餐过后，公司的同事坐在一起聊天，其中有一位身材比较丰满的女同事谈到自己刚看过的一本杂志上的内容说："人之所以会发胖其实是没有管住自己的嘴，我们每天摄入的营养要比身体所需要的多得多呢。"那位年轻的女孩听到后马上接话道："没错，这篇文章的标题是不是叫作《活该你胖》呢？吃那么多，才那么胖，其实都是自找的。"这话立刻得罪了那位同事。

从中我们可以看出来，不注意幽默的尺度，就会踏入"雷区"。这样的幽默不但成为不了沟通中的"润滑剂"，甚至还有增加沟通的"摩擦系数"的可能。

虽然聊天中开玩笑的人大多数都没有恶意，但若不把握好幽默的尺度和分寸，也会产生非常不好的结果，正所谓"言者无心，听者有意"。所以，社交中掌握一些幽默的分寸还是非常有必要的。

律师这个职业是最需要口才表达能力的。只有拥有一副好口才的律师，方能在其岗位上做出一番业绩。但身为一名律师，在谈话过程中也一定要注意，切不可开过分的玩笑，否则，吃亏的就是自己。

有一位律师在一天晚上带着满脸的伤痕回家。妻子很纳闷，问："你究竟是律师还是打手？怎么这么狼狈？"

律师回答道："别提了，有个当事人太难伺候了，一句话说得不对就动拳头揍我。"

妻子奇怪地问："你都说什么了？"

律师回答道："今天有一个当事人要起诉他的同事。因为那个同事总是在单位辱骂他的妻子，说他妻子尖嘴猴腮的一看就不是好人，还说她没有进化好，过早地从树上下来生活。我说：'嗯，没问题，可以起诉他侵犯名誉权，让他赔礼道歉、赔偿损失。对了，你带你妻子的身份证了吗？我需要一张复印件和委托书。'他很痛快地把东西给了我，结果我随口的一句话，就挨揍了。"

"你说什么了？"妻子接着问。

"我说：'咦，奇怪，现在怎么连猴子也需要办身份证了？'"律师回答道。

无论是谁听到这样的"幽默"，哪怕是再大度的人，恐怕也笑不出来，挥动拳头或许都是轻的了。

一定程度的幽默可以为大多数人所接受，但超过一定限度的幽默总会让人无法容忍。

适时开口，幽默在智慧中潜伏

"不见兔子不撒鹰。"这是一句民间谚语，很俏皮，但也很深刻——伺机而动，因势而行。如此，才能适时博取最大的利益。在幽默的施展上，我们同样要做到根据时机而开口，把话说得恰到好处，把幽默口才像好钢用在刀刃上那样，运用到最合适的地方。

若想取得这种效果，就要以我们的智慧为根基，聪明的人，知道什么时候运用什么样的幽默方式，才会取得对自己最有利的帮助。

纪晓岚9岁那年到县里参加童生试。入考场前，他手里正拿着一截树枝和几个相识的考生玩耍。这时，担任主考的教谕来了，纪晓岚赶忙把树枝藏在袖筒里，一本正经地向教谕问好。

教谕看着这个小机灵鬼，心中十分喜欢，便把他叫到身边说："你这个小顽童，生得倒挺机灵，不知你的书念得如何？"纪晓岚看着教谕说道："一会儿入场考试，大人就会知晓了。"他这么一说，把教谕逗乐了，说道："现在未入考场，我倒要先试你一试。"说完，教谕给纪晓岚出了一联，要他来对，这句上联是："小童子暗藏春色。"纪晓岚听了，脸上微微一红，便一下笑出声来，想到是先生看见了自己刚才顽皮的样子，便赶忙对了一句下联："老宗师明察秋毫。"教谕听了含笑点头，没想到这个小顽童对得如此巧妙，拍拍他的脑袋称赞道："好，好！你可真称得上小才子啊。"

后来，纪晓岚到河间府参加府试，他的顽皮又引起了考官的注意。考官是三年前登科的举人，正是踌躇满志的时候，听人讲这个小顽童就是有名的小神童，便要试一试他的才思。

考官给纪晓岚出了一句上联："十岁顽童，岂有登科大志？"

哪里想到，纪晓岚人小心大，一点儿也不胆怯，看考官出的上联有讥讽之意，便反唇相讥，对了一句下联："三年经历，料无报国雄心！"考官听了，苦笑两声却对他奈何不得，突然见门上绘着两位门神，就又给纪晓岚出了一句上联："门上将军，两脚未曾着地。"纪晓岚毫不示弱，略一思索对出了下联："朝中宰相，一手可以托天。"考官看纪晓岚还真有点学识，满意地笑了起来。

半年之后，这位此时已担任知府的考官与纪晓岚再次偶遇，是因为纪晓岚与伙伴们玩的球被打到了考官轿中。于是，纪晓岚上前施礼道："拜见宗师大人。"知府把球拿在手里，对纪晓岚说道："这球是你的吗？""正是晚生之物。"纪晓岚答道。知府指责说："不在学堂中读书，跑到官道上恣意戏耍，竟将球打入我的轿中，实在太淘气了！"纪晓岚低头说道："学生知罪，所以不敢跑开，站在这里等着给大人赔罪。"知府被这小顽童的伶牙俐齿说得高兴起来。他把手中的球晃一晃说道："好吧，我给你出一上联，你若能对得出，就把球还给你。"纪晓岚笑着答道："请大人出上联。"知府说道："童子六七人，惟汝狡。"纪晓岚想了想，脱口而出："知府两千石，独公……"他说到这里，不往下说了，两颗眼珠盯在知府脸上，滴溜溜乱转。

知府问道："为何不将末字说出来？"

纪晓岚慢吞吞地说道："知府大人如果肯将球还给我，那就是'独公廉'，假如您不肯还给我……"知府问道："不还给你怎么样呢？""那便是'独公贪'了！"纪晓岚回应道。这下倒把知府逗得笑起来，然后说道："你真是个十足的顽皮鬼！"知府笑着拍拍纪晓岚的头，把球还给了他。

一句充满人情味与幽默感的话，比通篇的大道理更有说服力。但在适合的时机展现幽默才会带来理想的效果。一个人如果掌握了"读心"的技巧，加上富有幽默的艺术性语言，那么他在为人处事的时候，往往比别人更容易成功。

话 术

幽默不滥用时才真有用

尽管幽默很重要，但它并不是生活的全部。运用幽默要懂得审时度势，时机、场合恰当，不能滥用。

我们都知道，大多言语交际的不成功往往与滥用幽默有关系。如果你为了幽默而不论何时都喋喋不休，把幽默当作是一种向别人炫耀的资本，那么，你不光会使自己陷入尴尬和困境，还会导致别人轻视你，使你丧失人格尊严。因而，我们运用幽默时，千万要适度。

幽默，除了看时机之外，分场合也很重要。只讲究时机而不注重场合的幽默是不成熟的，而光讲究场合而不看时机的幽默是肤浅的。只有把两者结合起来，才能把幽默运用得恰到好处。

在一些严肃的场合或悲伤难过的时刻，如会议、法庭、葬礼、一些红色纪念日等，就不要随便展示你的幽默，要不然只会引来人们的误解、怨恨，甚至惹祸上身。在朋友的父亲的葬礼上，朋友正为此而伤心不已，你对朋友说："你的父亲生前一定是个个性非常强硬的人，你看，他现在从头到脚都是僵硬的。"你认为这样的话能够给朋友带去慰藉吗？肯定不会，这番话只会让你的朋友讨厌你，即使他不当面痛斥你，但他肯定会觉得你是一个不顾他人感受，故作幽默的人，从而难以再信任、亲近你。

幽默是一门高雅的语言艺术。幽默就像是一架天平，时机和场合是它的两端，成功的幽默就是能够找准天平的平衡点。幽默也像是雨水，并非随时随地都可以向着人们降落，幽默要讲究时机和场合。

幽默应该节制，该干脆时不啰唆

幽默需要节制，毫无节制的幽默反而会失去幽默带给人们的欢乐，适得其反地招来他人的厌恶，导致自己的社交失败。

社交场合中有些人大大咧咧、漫不经心，讲起话来啰唆冗长，即使他们拥有幽默的口才，也很难给人们带来真正的乐趣，因为啰唆已经影响到了幽默的美感。

古典小说《镜花缘》中，林之洋、唐敖、多九公三人在一家酒店吃饭，酒保把醋错当成酒给他们送来了。林之洋素日以酒为命，举起杯来，一饮而尽。那酒方才下咽，不觉紧皱双眉，口水直流，捧着下巴喊道："酒保，错了！把醋拿来了！"这时旁边一个驼背的老儒赶忙摆手示意他不要喊，劝他道：

"先生听着：今以酒醋论之，酒价贱之，醋价贵之。因何贱之？为甚贵之？真所分之，在其味之。酒味淡之，故而贱之；醋味厚之，所以贵之。人皆买之，谁不知之。他今错之，必无心之。先生得之，乐何如之！第既饮之，不该言之。不独言之，而谓误之。他若闻之，岂无语之？苟如语之，价必增之。先生增之，乃自讨之；你自增之，谁来管之。但你饮之，即我饮之；饮既类之，增应同之。向你讨之，必我讨之；你既增之，我安免之？苟亦增之，岂非累之？既要累之，你替与之。你不与之，他安肯之？既不肯之，必寻我之。我纵辩之，他岂听之？他不听之，势必闹之。倘闹急之，我惟跑之；跑之，跑之，看你怎么了之！"

林之洋道："你这几个'之'字，尽是一派酸文，句句犯俺名字，把俺名字也弄酸了。随你讲去，俺也不懂。"

其实老儒无非是要告诉林之洋，醋的价格比酒要贵，酒保既然把醋给你，不要作声就是了，省得他跟你多要钱。如此啰唆地叙述这么简单的意思，一定程度上影响了幽默的效果。

中篇

会拒绝：
别让不好意思
害了你

第一章
不迎合，你有说"不"的权利

说出内心的"不"

在成为外部客观行为之前，说"不"是一种内在的主观愿望。首先你应思考是否应该说"不"以及如何说"不"。

有些人告诉我他们体内的声音时常说："不，我将不让你伤害我。""不，我不能再忍受了。""不，事情不一定如此。"问题在于，即使他们的内心决定说"不"，他们也不是总能大声说出"不"并且让别人听到。

为什么是这样呢？由于种种原因，我们内部的"不"（说"不"的主观愿望）与外部的"不"（大声说出"不"的客观行为）总是不能协调一致。

倾听自己的内心，不要违心地劝说自己说"是"。你并不需要总

72

话 术

是保持和蔼友善，当你内心不情愿时，就是你说"不"的时刻。

如果你想说"不"，但感到不能或者不敢说"不"，那么就要问自己为什么。是因为你害怕说"不"会给他人留下不好的印象？是因为你害怕说"不"会伤害他人？……抛开这些想法，请专注于你内心的意愿和你将大声说出的话。

请思考下列关于说"不"的标志、事例和话语。

"谢绝推销。"这是一位邻居贴在门上的标志。贴这些标志的人想告诉人们，他们想对哪一类人说"不"。

在读大学时，一位名叫"王春霞"的女士在一家熟食店做柜台的服务员。一段繁忙的午餐时间，柜台外有位顾客一边无理地催促一边咒骂着，声音大到足以让其他顾客听到。他好像在和全世界的人生气似的，想要让每个人知道他不开心。这时其他顾客开始感到烦躁。看到了这一切，王春霞心里想："这样不行，我要和他说说。"她直接看着那位顾客，清楚、坚定、铿锵有力地说："先生，厨师已经在按序准备你们点的食物了。请您也体谅一下厨师和店里服务人员的辛苦，让我们和您以及其他顾客一起营造一个轻松和谐的就餐环境，好吗？"王春霞没有大声说出："不，先生，你的行为让人不可忍受。"但王春霞说出的那些话足以表明她对他的行为不认同。他顿时和气起来，从拿走他点的东西到就餐，一句咒骂的话也没有说。

一位一直排队等待的顾客目睹了刚才的一幕。当轮到王春霞为她服务时，她说："谢谢你对他说了那些话，给我们制造了一个安静、文明的购餐环境。"

王春霞认为：第一，顾客不一定总是对的，但也不是必须对顾客说"不"或者彼此对抗。第二，作为服务人员，必须为自己和所服务的人设定一个标准。

这件事说明，我们能通过有效、清楚、客气的方式说"不"，来保护我们自己和他人。

你怎样说"不"

说"不"有时是一种自我保护，一种反对不公平的立场，一种自由之举。人们需要根据具体情况清楚地了解说"不"的结果，并且恰当地、勇敢地说"不"。

想象你如何说"不"。如果你不能想象自己如何说"不"，那么你几乎没有说"不"的能力。思考你想对谁说"不"，想象一下这个人的模样以及你与他交往的情形。

下列问题有助于你想象怎样说"不"。

1. 你想在什么场合说"不"？

2. 你的脸色如何？

3. 你的站姿或坐姿如何？

4. 你期望得到什么？

5. 什么原因激励你说"不"?

6. 你做好应对不同结果的心理准备了吗?

7. 你将使用什么语气?

8. 你将怎样应对别人对你说"不"的回答?

现在,请大声说出"不"!如果你发现自己说出"不"时的声音不大而且毫无底气,就请回答下面的问题。这些问题可以帮助你练习如何大声地、有底气地说"不"。

1. 你想每周工作 100 个小时吗?

2. 你想得到少于你应该得到的报酬吗?

3. 你想一直碌碌无为吗?

构造真正说"不"的话语

有时你说"不"并不意味着他人能接收到你说"不"的信号。因此,最好你回答的第一个字就要用"不",然后再说一个支持你的"不"的句子。如果你想造一个意思是"不"的句子,你就要对下列"说'不'的能力模型"问题回答"是"。

目的:"不"这个字是否出现在句首?

选择:你是否确定你没有别的选择和办法?

时间:这个"不"所包含的拒绝、否定是否有清楚的时间界限?

情绪:你的情绪有助于表明你的"不"所要传达的情感吗?

权利：你考虑过说"不"的权利、责任、可能的对策以及结果吗？

如果你不能对全部 5 个问题说"是"，你就可能使自己处于一个犹豫不决者的立场，而且他人会认为你还没有做出决定或者态度模棱两可。

你还要思考并想象下面的几个问题，以便当你想要说"不"时，你的大脑、心灵和身体都能做好准备。

描述一下当你说"不"时你希望发生的事情。

再描述一下在你说"不"之后可能发生的事情。

你将怎样放松并有趣地说"不"（而不会引起他人的痛苦）？

确信你有说"不"的能力。专注于你所能做的事情，对你不能做的事情说"不"。

如果你决定"不"是最合适、最好、最安全、最道德的答案，那么就请根据当时的情况，大声地说出你的回答。

影响你说"不"的因素

你要基于你的性格、生活经验，以及你对情况和结果的理解说"不"。对正面、负面以及中性结果的考虑可能给你指明不同的方向。并且，你的生活经验总是在影响你怎样做出回答。

你的性格和情绪也影响你说"不"的方式。你彬彬有礼地说

话　术

"不"和气愤地说"不"给人的感觉截然不同，感到安全时说"不"和感到危险时说"不"也不一样。因此，带着不同的情绪，你回答的语气也就不同。并且在相同的情况下，我的回答和你的回答听起来也有区别，因为我们没有相同的生活经历和性格。

情绪影响语气和身体语言，同时影响你说"不"时的效果。每一种说"不"的话语都有相对应的说"不"的姿态。

1.直接坦率。你说"不"时，言简意赅，不留商量的余地，如："不。"

说"不"的姿态：直接说"不"者充满自信、声音洪亮。直接坦率地说"不"的姿态一般包含一种坚定的口吻和直接的目光接触。

2.闪烁其词。你的意思是"不"，但是你的话通常把你变成一个犹豫不决者，如："我认为……我不能。"或者更糟糕，你说了"不"，但不能贯彻到底，因为你的决心不够坚定。

说"不"的姿态：闪烁其词地说"不"者焦躁不安、声音微弱、吞吞吐吐、说话犹豫、眼神不定，所以他们听起来、看起来都像犹豫不决者。

3.彬彬有礼。你使用坚定、礼貌、客气的话说"不"，体谅和尊重别人，如："不，谢谢你的好意。"

说"不"的姿态：彬彬有礼地说"不"者和气、有礼貌、充满自信、语气平和。

4. 讲究细节。你知道你为什么说"不"，因此你在进行你的回答时讲究细节，如："不，我不准备承担这项工作，因为我现在的工作进度已经落后了。"

说"不"的姿态：讲究细节者理性、沉稳、从容不迫，能根据不同的情况使用不同的口吻和气力。

5. 贪婪自私。以自我为中心，不顾虑他人的情况与感受，话语粗暴生硬，如："不，你别妄想了，我不会帮助你重新做。"

说"不"的姿态：贪婪自私者口吻强硬、神情傲慢，缺乏亲和力。

说"不"者的个性展现

下面是 5 位说"不"者的真实事例，这些事例表明了他们说"不"时所展现的个性。

1. 安妮

安妮已经退休，她曾是一位研究人际沟通与交往的专家。她讲了她如何学会说"不"的故事。

我身体健康时总勉强自己做一些事情，直到我被诊断出患有乳腺癌。自此，我有了一个合适的说"不"的理由。

作为直接坦率地说"不"的人，安妮说："有时你甚至不需要有一个说'不'的理由。说'不'是你的权利——你不必制造一个理由。一旦你已经决定说'不'，就说出来，并且坚持下去。"

话术

2. 康妮

美国佛罗里达州的一名杂志编辑康妮写道："我的搭档说，在他的几个孩子小的时候，孩子想做一些他和妻子禁止他们的事情，他们夫妇就说：'我们非常爱你们，但是我们不能让你们做。'他说这样很有效（或许只对父母而言）。"康妮的搭档说"不"时虽然温柔有加，态度却是坚决坦率的。

康妮的另一个故事是关于一个可怕的推销电话。"当我不打算为之捐赠的一个慈善机构打给我电话时，我会告诉他们：'我承认你们的事业很伟大，我虽然现在把儿童、饥饿、艾滋病和公民自由权放在捐助首位，但不包括你们的慈善机构。'"康妮说得既彬彬有礼又讲究细节。

现在把"说'不'的能力模型"应用于康妮对电话推销说"不"的话语中。她说"不"的目的是友好而坚定地拒绝捐赠打电话来的这个慈善机构。康妮的选择是她支持的事业：儿童、饥饿、艾滋病和公民自由权。康妮选择的时间界限是"（现在）不包括你们的慈善机构"。康妮温和有礼的情绪也辅助她传达了自己的态度和情感。康妮的权利是康妮清楚她所支持的事业有利于社区和整个社会，她已经形成了自己的原则，能坚毅、肯定地拒绝她不信任的慈善机构。

3. 琳达

琳达是一家造纸厂的业务部经理，她说了下面的故事。

我仿照我在商务写作技能培训班所接受的训练写了一篇说"不"

的文章，并将它命名为《如何说"不"而不会导致曲解》。

我通常先用一两句话总结一下我目前的工作、生活或其他方面的状况："如你所知……"然后，我再增加一些利于我说"不"的复杂因素（如任务太多、时间不合适、不是合适的人选等）。最后，我就干脆说："不，真的抱歉，不行。"

在这个故事里，琳达说"不"的个性话语是讲究细节和彬彬有礼的结合。

4. 玛格丽特

曾经做过公司主管、公司实际控制人和商业发展顾问的玛格丽特讲了她的故事。

玛格丽特说："我能否成功地说'不'也要因人而定。一位不请自来的朋友经常忽视我温和地说出的'不，……'，并且即使我委婉提醒，她也一点儿不退让。因此，我的'不'变得简短而生硬。直到我说：'不要再说了，在我没有破坏你的心情之前，请马上离开。'"玛格丽特最后的话语直接坦率，因为在她描述的情况里，她非常恼怒，她想要重新控制局面，恢复生活的平衡。

5. 伯纳德

伯纳德曾是一名公司的主管和董事，他讲了下面的故事。

他说："我已经拒绝了董事会让我在 11 月 1 日之后继续担任董事的决定。我已经做了 7 年的董事，该说'不当了'。回顾过去，我发现我的工作效率低下，有点徒劳无功。因此，我应该对这个职位说

'不'。相信我，这个'不'并不难以说出口，而且他人也乐意听到。"

伯纳德既直接坦率又讲究细节。

彬彬有礼地说"不"

你想过用彬彬有礼的方式而不是公然对抗的方式说"不"吗？耐心倾听另一个人的观点，同时动用你的知识、技能、技巧、经验和对方分享信息、见解或趋势。在一对一或多人讨论的情形下，不要怕和他人的意见不一致。意见冲突是正常现象，说出你回答"不"的原因，提出你的新解决方案或新方法。

"不，谢谢你"是一种彬彬有礼的说"不"的方式。其他彬彬有礼地说"不"的方法还有以下一些。

1. "我理解你的需要，但我不能答应你，我的时间表目前已经安排满了。我相信你一定能找到更合适的人帮助你的……"（彬彬有礼，激励鼓舞）

2. "我（们）不是做这项计划的合适人选。某人是合适的人选，他（或她）的联系号码是 _____。"（彬彬有礼、友好和善）

3. "不，谢谢你想到我。"（彬彬有礼）

4. "不，抱歉，我不能陪你去，我今天要做 _____。"（彬彬有礼、讲究细节）

当你对他人的请求、邀请或者需求说"不"时，要维护他们的尊严。你是对请求说"不"，并非否定其人。花时间仔细考虑你将要说什么话、如何说得最客气而不会冒犯他人。

我们在前面介绍过的玛格丽特曾说："彬彬有礼地说'不'是一种逐渐学会的技能，有点儿像餐桌礼仪。

即使你说话清楚、友好、直接、诚实，但有时他人也会产生疏离感，因为你已经给了他们一个他们不想听的答案：不。下面这些关于说"不"时要注意的事项能尽量避免双方关系破裂或疏远。

1. 诚实和直接。对于自己不想做的事或是办不了的事直接拒绝，但要注意措辞，给对方留点面子。

2. 礼貌用语。在"不"字之前或之后使用礼貌用语以示友好，注意营造和谐的氛围。

3. 记住说"不"的3个层次：一、不，决不，永远不可能；二、不，现在不行，或许以后可以；三、不，现在不行，以后可以。决定你想要或需要使用哪种层次的"不"，选择能够清楚表达你的意思而不会使你显得自私小气或轻率的话语。

4. 当你给请求者一个含"不"的拒绝时，他可能努力说服你答应他。慎重思考你为什么说"不，……"，并坚持自己的意愿，要有自信，不要犹豫不决。使你的"不，……"针对事而不是人。

话术

第二章
不妥协，掌握人生的主动权

不想借给别人钱时怎么说

在人际交往中，借钱是个十分敏感的话题，尤其当好朋友向自己借钱时，那个"不"字就更难说出口了。这时，你可以借鉴下面的几个方法，让借钱之人知难而退。

1. 义正词严，揭穿老底

小王的一个很久不曾联系的高中同学跑来向他借钱，声称等自己的存款到期了就立刻还他钱。

小王听后哑然失笑，当即毫不留情地说："你别坑我了，我听说你现在到处借钱，两年前你向我们的同学辉子借的 2000 元，到今天还没还，哪可能还有什么存款来还我呀！"

听完这番话，小王的同学只好灰溜溜地走了。

有些人借钱时喜欢虚张声势，不会承认自己没钱，而是声称自己很有钱，只不过暂时拿不到，因为"急用"，让你"救救急"。面对这种人，你不妨根据自己掌握的信息，毫不客气地揭穿对方，让对方无法蒙骗过关。

2. 提高警惕，辩驳对方

老李的一个朋友老张来找老李借钱，说生意势头很好，只是本钱比较紧张，希望老李能借2万元做本钱，并声称只借一年，而且还老李钱的时候，会以额外的2000元作为酬谢。

老李问："就算生意势头当下看来好，你怎么能保证会好一年呢？"

老张笑着说："现在市场缺口大，肯定是稳挣不赔。"

老李接着问："你怎么知道市场缺口大不大，也许你是跟风呢！说不定这阵风马上就要过去了。"

老张打包票说："你放心吧，我的投资眼光向来不错。"

老李说："既然你的投资眼光向来不错，那这些年肯定积攒了不少钱了，又怎么会缺本钱呢？"

老李的辩驳让对方哑口无言，老张只得狼狈而逃。

有些人会利用大多数人想以钱生钱的发财心理，假借"高利"的幌子向朋友借钱，实则是在骗钱。如果你碰到了这种人，一定要头脑清醒、提高警惕，在心中盘算盘算事情的可信度，当场辩驳对方，让他的诡计落空。

话术

3.索债转移，吓退对方

老张的一个朋友不期而至，说是要借2万元钱去做点生意，老张不想把钱借给他。于是说："你来得正好！××公司欠我半年的工资，咱们一起去要，要回来你先拿去用就是了！"紧接着说，"不过，那家公司老板是个泼皮，不讲理得很呢！"

老张的朋友闻之色变，借故离去。

当有人向你借钱，你又不好意思直接拒绝的话，不妨试试这"索债转移"的技巧，不是你不把钱借给对方，而是给向你借钱的人设置了一个帮你把其他债务讨回来的前提条件，让对方知难而退。这样，不仅给对方留了面子，又不会使自己吃亏。

当别人打探你的隐私时该怎样说

隐私本是一个人内心深处的不愿被别人知道的东西，但是在人际交往中，有些人总是会有意或无意地触及别人的隐私。不管问的人动机如何，一旦被问的人回答不好，很有可能就会产生一些不良的后果。那么当你被问及隐私时该怎样回答呢？下面的几种方法不妨一试。

1.答非所问

菲律宾前总统科拉松·阿基诺，在出席一次记者招待会时，记者问她有多少件旗袍礼服，科拉松·阿基诺不假思索地回答："我所有的旗袍礼服，都是第一流服装设计师奥吉立德罗为我设计的。你知道吗？她经常向我提供最新流行的服装样式。"

别人问数量，她却回答是谁设计的，这样回答明显文不对题，却让那位记者知趣不再追问了。

2. 似是而非

有一位女名人准备与一位考古学家结婚，朋友问："你为什么会选择考古学家？"她一本正经地回答："对一个女人来说，选择考古学家做丈夫是最明智的选择，因为这样一来，她就不用担心衰老，考古学家对越古老的东西越感兴趣。"

似是而非的回答往往让那些爱探听隐私的人无功而返，它的奇妙之处就在于听上去你像是在回答对方的问题，但其实并不是对方想要的答案。

3. 绕圈子

世界著名男高音歌唱家帕瓦罗蒂不愿把自己的体重公开，于是，当有人问他现在体重多少时，他说："比过去轻。"再追问他过去多重时，他说："比现在重。"他用的是和对方绕圈子的技巧，绕来绕去，最后对方还是什么信息也得不到。

4. 否定问题

著名影星六小龄童在一次记者招待会上，一位记者问他："当初谈恋爱，你和于虹谁追的谁？"六小龄童回答："到底谁追谁，有什么重要？我们都没有想过要'追'对方，因为这不是在赛跑，一个在前一个在后，我们是夜色中的两颗星星，彼此对望了几个世纪，向对方眨着眼睛，传递着情意。终于有一天，天旋地转，我们就像磁石的两极碰到一起，吸在一起了。"

六小龄童根本就没有回答对方的问题，而是一开始就否定了对方问题的前提，即认为两人谈恋爱不一定是一方主动追另一方，随后便对两人的爱情做了一个浪漫、精彩的比喻。这样既回答了记者的提问，又没有透露自己的隐私。生活中，遇到有人打听隐私的时候，这不失为一个好办法。

还有一则故事是这样的：

有一位女士因公出差，在火车上和旁边的一位看起来挺有涵养的男士交谈起来。谁知，谈着谈着，男士突然话题一转，问了一句："你结婚了吗？"

女士一听顿时心生厌恶，于是她态度平和地对那位男士说："先生，我听人说过这样一句话，前半句是'对男人不能问收入'，所以我一直没打听你的收入；后半句是'对女人不能问婚否'，所以你这个问题我不能回答，请你原谅。"

有时候，对方打听你的隐私时，你可以开门见山，否定对方问话的恰当性，表达自己的不满。

面对过分的玩笑你该如何应对

玩笑开得过分时，气氛往往会变得比较尴尬或紧张，这种情况下，很多人还是希望能保持住自己的风度。那么，该如何应对这种过分的玩笑呢？你可以选择下面的方法作为参考，以便顺利走出困境。

1. 借题发挥

某大学中文班开学第一天开了个座谈会。首先，学生们一个个作自我介绍。当轮到来自农村的牛力时，他刚说了句："我姓牛，来自乡下……"不知谁小声说了句："瞧，乡下小牛进城喝咖啡了！"一下子，许多人都笑起来了。牛力先是一愣，但很快就镇定下来，说道："是的，我是来自乡下的小牛。不过，我进城是来'啃'知识的，以便回乡下耕耘。我'吃的是草，挤出来的是奶''俯首甘为孺子牛'，我愿永远做家乡的'孺子牛'！"

话音刚落，大家热烈地鼓起了掌，为牛力精彩的讲话喝彩。牛力用自己的机敏顺着那位同学过分的玩笑话，引用鲁迅的名言，不但摆脱了尴尬的场面，而且彰显了自己的胸襟和涵养，为自己赢得了喝彩。

当有人对你开的"玩笑"带有一定的侮辱性质的时候，如果你能顺着对方的话，借题发挥一番，反而借他的"玩笑"来展现自己的优点或正能量，可谓是一种最机智的选择。这样既能避免自己的难堪，又不至于把与他人的关系弄僵。

2.反唇相讥

集市上，几个小贩摆着麻袋和秤杆，等着收购农民拿来的山货。一位老农来到一个商贩面前，诚恳地问："老弟，灵芝菌一斤多少？"老农的本意是问一斤灵芝菌能卖多少钱，小商贩见老农两手空空，以为他是问着玩玩的，就想开开他的玩笑，开心开心。小商贩于是答道："一斤是十两，你连这都不懂？"旁观者们哄笑起来，使得老农很尴尬。不过他略一定神之后，反问小商贩："你做生意多久了？"

小商贩随口答道："十年了。"

老农哈哈一声，面露讥笑地说："亏你还是个生意人，人家问你多少钱你却回答多少两。我看你像个老生意人，才这么问的，哪里晓得你连这么简单的话都听不懂，唉……"

老农故意拖长声音失望地叹了口气，这回轮到小商贩被人哄笑了。

当有人纯属恶意地开你的玩笑时，你当然需要毫不客气地回敬，反唇相讥就是其中的一种技巧。你可以逐渐诱惑对方进入你语言的圈套，在适当的时候，反戈一击，让对方自取其辱。

生活中一些尴尬的局面完全是由于别人不敬的玩笑引起，如果你一味隐忍退让，只会被人看扁；如果针锋相对，又会把局面搞僵。这时不妨采用反唇相讥的办法为自己争取主动。

如何表达与上司不同的意见

楚庄王的一匹爱马死了，他非常伤心，下令用上等棺木，以大夫礼节厚葬。文臣武将纷纷劝阻，都无济于事。最后，楚庄王还下令说，谁要再敢劝阻，一律处死。

很明显，不论怎样改头换面，只要一说"不"，必是自取其辱。优孟知道了，直入宫门，仰天大哭，把楚庄王弄得异常纳闷，迫不及待地问他怎么回事。优孟说："那匹马是大王最喜欢的，却要以大夫的礼节安葬它，太寒酸了，请用君王的礼节吧！"

楚庄王越发想知道理由了，优孟继续说："请以美玉雕成棺……让各国使节共同举哀，以最高的礼仪祭祀它。让各国诸侯听到后，都知道大王以人为贱而以马为贵啊。"

至此，楚庄王恍然大悟，赶紧请教优孟如何弥补自己的过失。最终他听从优孟的建言，将马付于庖厨，烹而享之。以优孟的地位，如果直陈利弊，慷慨陈词，固然令人起敬，但效果不一定好。像这样正话反说，力挽狂澜，更是让人拍案叫绝。

有些时候你跟上司的意见相反，不好直接说出来，为了避免尴尬，不妨从其反面说起。因为真理再向前一步就变成谬误，反之，反面的话稍加引申，就可能走向反面的反面。在你的反话中，上司认识到自己的不对了，自然就会改变他原来的意见，而且这样上司也不会觉得你不给他面子。

面对无理要求时如何说

面对无理要求时，盲目答应当然不行，但是一概地严词拒绝，也非最佳解决问题之道，下面的两种解决方式可以助你拒绝对方，不至于惹恼对方，是处理这种难题的首选。

1. 略地攻心，让对方主动放弃

有一位语文老师，她的弟弟因为一场纠纷被人告上了法庭，而主审法官恰恰是她昔日的得意门生。一天晚上，这位老师前往学生家，希望他能念在师生的情面上，帮帮她弟弟。法官显然有些为难，既不能徇私枉法，又不能得罪恩师。于是，他说："老师，我从小学到大学毕业，您一直是我最钦佩的老师。"

老师谦虚地说："哪里哪里，每位老师都有他的长处。"

法官接着说："您上课抑扬顿挫，声情并茂。尤其是上《葫芦僧乱判葫芦案》那一堂课，至今想起来记忆犹新。"

老师很快就进入角色了："我不仅用嘴在讲，也是用心在讲啊。薛蟠犯了人命案却逍遥法外。古代的律法再严格，这样的枉法官员也不在少数。"

法官接着感叹："记得当年老师您讲授完这一课，告诫学生们，以后谁做了法官，不要做'糊涂官'，判'糊涂案'，学生一直以此为座右铭呢。"

本来这位老师已设计好了一大套说辞，但听到学生的一番话，再也不好意思开口了，主动放弃了不合理的请求。这位法官用的就是"略地攻心"的技巧，拒人于无形之中。

2.用"类比"反驳对方

一家公司的经理在一次业务谈判中，受到了另一家公司业务员的顶撞。为此，他气冲冲地找到另一家公司的经理，吼道："如果你不向我保证，撤销上次那个蛮横无理的工作人员的职务，那么显然就是没有诚意和我公司继续合作！"

这家公司的经理听了微微一笑，说："经理先生，对于工作人员的态度问题，是批评教育还是撤职处理，完全是我们公司的内部事务，无须向贵公司做什么保证。这就同我们并不要求你们的董事会一定要撤换与我公司工作人员有过冲突的经理的职务，才算是你们具有与我公司继续合作的诚意一样。"

先前怒气冲冲的经理顿时哑口无言。在这里，后一家公司的经理就巧妙地运用了类比的技巧。虽然说这两家公司有很多不同之处，但有一点是相同的，即两家公司对工作人员或经理的处理完全是各自公司的内部事务，与和对方有没有诚意继续合作无关。该经理就是抓住了这一相同点作比，从而警告了对方所提要求的过分和无理，表达了对其蛮横态度的不满。

第三章
停止犹豫不决，有条件地说"是"

内在主观愿望与外在客观行为

你的大脑想要说"是"，因此你说出"是"。这是内在主观愿望与外在客观行为的协调一致，因为你的内心所感、所想就是你实际上说出的话。

你要表达的意思有时取决于你所使用的语气，比如，"是"可以表示同意或要求。"是！我很愿意与你一起去看电影"表示同意。"是，我想让你打扫你的房间"则表示要求。

有时你一旦说"是"，就要坚持并履行自己的承诺，这样他人才能把你的"是"看作"是"。做好准备，用你的行动支持你的"是"，让你的主观愿望与外在客观行为相一致。

1. 内在主观愿望与外在客观行为不协调

这是非自愿的不协调：因为你想要说"不"，或你不想做被要求做的事情，但是你说出了"是"。

即使你不想说"是"，由于某些原因，你还是说出了"是"。当周围的环境使你焦虑，你或许会言不由衷。例如，"如果我拒绝了老板，我将会丢掉工作。"当你不喜欢某项任务，但因为职责而同意做它时，也会造成内在主观愿望与外在客观行为的不协调。

生活中常见的内在主观愿望与外在客观行为的不协调行为还包括下面一些。

（1）你不想去替朋友做某事，但是你说了"是"。

（2）你不想参加某项活动，但为了显得合群，你还是参加了。

（3）你不想去看电影，但是你为了配合朋友的喜好，因此你同意去看电影。

2. 外在客观行为与内在主观愿望不协调

这是自愿的不协调：你想要说"是"，但最终说了"不"。

因为外在客观情况或自身的心理压力，当你想说"是"时却无奈说出了"不"。例如，某人被邀请去看一部他想看的电影时说："不去了，我已经答应家里老人整个周末照看孩子了。"或者，某位职员终于等到了期待已久的晋升时却说："我不能接受了，我现在的情况不允许我接受这个新职位。"

你能消除这些不协调的行为吗？不能，因为在很多情况下，你不得不因为一些特殊情况或其他更要紧的事而违背你的主观愿望去拒绝一些事情。

说出你的"意思"

承认你的选择、回答和行动，表明你知道自己作出决定的原因，至少估量过结果。有时说"不"和说"是"同样困难。

阅读下面关于吉姆的故事，也许对你会有所启发。

在竞选政府公职时，吉姆通过一个曲折的过程把他原来的回答"不"变成了"是"。

在我的职业生涯期间，我感到我应该参与社区活动，服务社会。因此，我决定竞选政府公职。第一个任期的竞选竞争非常激烈，但是，我还是成为两位获胜者中的一位。

任职不久，我获悉首席行政官有问题。我便努力去弄清问题的来龙去脉，但是，我越陷越深，我不但发现了对社区和谐构成威胁的问题，而且公共机构所提供的服务也有问题。在我3年任期的第二年，我被选为行政委员会主席。此后不久，首席行政官就离职了，来了一位非常强硬的继任者。

在我任期的最后一年，我决定结束这份费力费神的公共服务，而且我决定不再竞选第二个任期。当新任的首席行政官和我的支持者们听说我不再谋求连任时，由我的支持者组成的代表团就来征求我最终的想法。

在考虑很久之后，其间包括和家人进行沟通，我最后说他们可以把我的名字写在选票上。我的支持者们开始了竞选活动。当选举结果揭晓时，我得到了行政委员会主席一职的 2/3 选票。然后，我的第二个 3 年任期成效显著，而且融洽和谐。我非常感激，因为我感到自己为社区所提供的服务得到了回报。

这个事例的寓意是什么？起初说"不"并不意味最终会说"不"。

说"是"的结果

正如考虑说"不"的结果一样，说"是"可以有正面、负面以及中性的结果。考虑你回答的结果不但可以帮助你做出最好的决定，而且可以增加成功完成计划的可能性。不管你说"是"或"不"，你都应该满怀信心地说出你的答案并且坚持到底。

说"是"的正面结果包括得到你想要的东西、帮助其他人得到他们想要的东西、享受活动、学习新事物、感到愉快，以及开始与你喜欢的人在一起。

说"是"的负面结果包括承担太多工作、参加太多活动、耗尽精力、总是感到疲倦、你不能完成所承诺的事情而最终使他人失望。

说"是"的中性的结果包括没有人生气或者过度激动、你对所

承诺的事情没有感到心烦或愉快、没有发生有害的事情，但也没有
感到愉快，得到收获。

说"是"的道德规范

我们都曾经不假思索地说过"是"。我们对孩子说"是"，以
此满足他们的要求以免他们吵闹不休。有时回答"是"对你有利，
有时回答"是"对你不利。有时虽然你无意完成承诺，你也可能
说"是"。说"是"也有它的道德规范。当你说"是"但不能坚持
到底时，你就违背了承诺、使人失望，并且可能失去信誉。自己在
心中设置一些问题可以帮助测试自己说的"是"是否诚实和道德。
比如：

1. 你的"是"能坚持到底吗？

2. 你思考过他人需求的合理性吗？

3. 你对说"是"感到满意吗？

…… ……

如果你对自己心中设置的那些问题全部回答"是"，你的"是"
往往就是一个诚实和道德的答案。如果你对任何一个问题回答了
"不"，请重新考虑你的"是"，因为它可能不是你最好的、最诚实、
最道德的回答。

第四章
巧说"不"，你才对得起自己

有理有节地拒绝，不伤害对方

从对方的角度出发，掌握好说"不"的分寸和技巧，给对方一个能够接受的，并且不会伤害对方的理由十分重要。

随着社会的发展，人与人之间的交往越来越密切，也越来越复杂。其实，我们每个人都希望能够得到他人的关注与理解。因此在生活中或职场上，我们要学会理解他人，要把握处理事情的分寸，尤其是我们因为各种原因而不能配合对方时，一定要从对方的角度出发，充分说明理由。

例如，在办公室里，你在拒绝别人请求时，如果只是说"我很忙"，对方可能会说你不爱帮助他人。所以，拒绝别人时，要具体地说明一下理由。

再如，你正忙着准备第二天的重要会议的资料时，你的上司走过来对你说："处理一下这份文件。"

这时，你可以明确地告诉他自己正在为第二天的重要会议准备资料，然后让上司判断哪项工作更加急迫。

这时他可能就会说："是这样啊！你正在做的工作不尽快完成可不行，我的这份之后再弄。"或者"这份文件更紧急，麻烦你先处理它，辛苦了。"

有时因为条件不允许，我们不得不去拒绝别人，这时可以采取适当的拒绝方式，最大限度地避免因为拒绝而伤害到别人。

一般情况下，我们在拒绝别人的时候要注意以下几点。

1. 积极地倾听

当你拒绝别人的请求时，不要随口就说出自己的想法。过分急躁地拒绝最容易引起对方的反感，应该耐心地听完对方的话，并用心弄懂对方的理由和要求，让对方了解到自己的拒绝不是草率做出的决定，是在认真考虑之后不得已而为之的。

2. 用和蔼的态度拒绝对方

不要以一种高高在上的态度拒绝对方的要求，不要对他人的请求流露出不快的神色，更不要蔑视或忽略对方，这些都是没有修养的具体表现，会让对方觉得你的拒绝是对他抱有成见，从而对你的拒绝产生敌对心理。拒绝对方要保持和善的态度，要真诚。

3. 明白地告诉对方你需要考虑的时间

我们经常碍于面子不愿意当面拒绝他人的请求，而是以"需要一段时间考虑"为借口来避免直接拒绝对方，其实希望通过拖延时间使对方知难而退。这是错误的。如果不愿意应该立刻当面拒绝，或是应该明确告知对方需要考虑的时间期限，表示自己的诚意。

4. 用抱歉的话语来缓和对方的情绪

对于他人的请求，表示出无能为力，或迫于情势而不得不拒绝时，一定记得加上"实在对不起""请您原谅"等抱歉用语，这样，便能不同程度地减轻对方因被拒绝而遭受的打击程度，舒缓对方的挫折感和对立情绪。

5. 说明拒绝的理由

在拒绝他人的请求时，不应只用一个"不"字就使对方"打道回府"，而应给"不"加上合情合理的注解，以使对方明白，自己的拒绝并非毫无理由，而是确有苦衷。

真诚地说出你拒绝的理由是非常必要的，它有助于你们维持和谐的关系。

6. 提出取代的办法

当你拒绝别人时，可能会影响他计划的正常进程，甚至使他的计划搁浅。如果你给他提供一些建设性的意见，则能减轻对方的挫折感。

7. 对事不对人

你要想方设法地让对方知道你拒绝的是他的请求，而不是他这个人。

总而言之，在有理有节的前提下，成功地拒绝别人的请求不仅可以节省自己的时间和精力，还可以免除由非自愿行为所带来的心理压力，并且可以最大程度地不伤害对方。

拒绝要注意方式、方法

当你不得不拒绝别人时，要真诚地表达理由，让别人从心眼里觉得你的拒绝是合情合理的，而非故意为之。

拒绝总是会让人感到不愉快。委婉拒绝无非是为了减轻双方，特别是对方的心理负担。特别是上司拒绝下属的要求时，不能盛气凌人，要以关怀的态度、关切的口吻讲述理由，使之信服。一次成功的拒绝，也可能为将来更深层次的交往播下希望的种子。

从事销售的小刘遇上一位工作狂上司，很多同事都因此而"逃离"了，而她却能始终保持极佳的工作状态，她是怎么做的呢？

小刘说："一开始我也像他们一样以办公室为家，日日夜夜伏案工作，在我的字典里'休息'这个词似乎早就不存在了。后来我发现，工作狂上司通常有一个思维定式——他们一般疏于考虑自己分配下去的任务量有多少，下属需要花费多长时间可以搞定，他们想当然地认为你应该没问题。所以，如果我觉得工作量过大，超出了个人能力所能达到的范畴时，我不会一味投身于工作中蛮干，要知道，不说出来的话，工作狂上司是不会体会到你已经在超负荷工作了。每个人的承受能力不同，上司有时不能全面了解到下属执行当中的困难与苦衷。这个时候，下属应该主动与上司沟通交流。若口头上陈述困难则可以发消息、打电话或书面说明工作时间安排与流程，让他明白过多的工作只会令效率降低。合理正确的沟通会令上司了解你的需求，从而适当调整任务量及完成时间，或选派更多的同仁来帮你分担。"

试想一下，如果小刘怕得罪上司而勉强接受所有任务，到时完不成任务更会受到上司的指责；如果因为自己不事先说明难度，最后又影响了公司的业务，罪过就更大了。这种坦诚拒绝的方法不仅适用于和上司沟通，也适用于周围的同事。当然，坦诚拒绝也要讲究方式、方法。

当别人向你提出请求时，一定会因为担心你会不会马上拒绝自己而感到不安。所以，在你决定拒绝之前，首先要注意倾听对方诉说。

倾听能够让对方感受到你的尊重和真诚，加上委婉地向对方表达自己的拒绝，可以避免使双方的感情受到严重的伤害。

倾听的另一个好处是，你虽然拒绝他，却可以针对他的情况，给出一些建议。若是能提出有效的建议或替代方案，对方一样会感激你，甚至在你的指引下找到更适当的解决方案。

直接的拒绝只会伤害彼此的感情，委婉地说"不"更容易让人接受。当你仔细倾听了别人的要求，并认为自己应该拒绝的时候，说"不"的态度必须是温和而坚定的。

例如，当对方提出的要求不符合公司或部门的规定，你就要委婉地让对方知道自己帮不了这个忙，因为它违反了公司的相关规定。一般来说，同事听你这么说一定会知难而退，再想其他办法。

拒绝除了需要技巧，更需要耐性与关怀。若是敷衍了事，只会伤害对方。

对领导说"不"时一定要把握好时机。

"不管什么事情只要交给安娜，我就放心了"。安娜进公司3年，这是老总常挂在嘴边的话。开始安娜很高兴，但时间一天天过去，交给她的任务越来越多。"安娜，这个方案你盯一下。""安娜，这个客户恐怕只有你能对付。""安娜，上海的那个项目人手不够，你支援一下。"老总为某事抓狂时，必会打开房门叫安娜的名字。

安娜手里的事情多到了总是加班加点地做，却未得到老总给自己升职。

安娜很气恼，回家跟丈夫抱怨。丈夫居然也说："如果我是你们老总，我也不会升你的职。一个不懂拒绝的人，怎么去管理别人？"安娜仔细想了想，觉得这话真的很有道理。

后来，当老总给她增加工作量时，安娜鼓足勇气说："我手里有3个大项目、10个小项目，我担心时间安排不过来。"老总一听，立刻皱起了眉头："可是，这个项目只有你去做我才放心。"

"那好吧，我赶一赶。"说完这句话，安娜恨不得咬掉自己的舌头。转念一想，安娜勇敢地补充道："不过，要按时保质完成，我需要几个帮手。"老总惊讶地看着她，继而笑着说："我来安排一下。"

原来安娜想，如果老总答应给自己派助手，自己的工作也有人可以分担了；如果不答应，老总也不好把新任务硬塞给自己了。

自那之后，老总再也没随意加派新任务给她，还叮嘱她有困难就提出来，别累坏了身体，等等。

有的时候，你并不需要大张旗鼓地拒绝领导，只需要坦陈自己的难处，领导也不会觉得你的拒绝很过分。要拒绝领导的不合理要求，就必须告诉他你在时间或精力上的困难，让他明白你不是"超人"。

拒绝的话要合情合理

如何拒绝别人是一门艺术，这门艺术的关键点就在于拒绝别人的话要怎么说才能让人觉得合情合理，进而让别人更容易接受。

人的一生就是在不断的接受和拒绝中度过的。如果拒绝没有采用合情合理的话就容易伤害对方，引发怨恨和不满，从而导致人际关系的破裂，让自己陷入被动的境地之中。即使没有闹到很严重的地步，因拒绝而引起的疙瘩也会使对方耿耿于怀。

有时，对方与我们反目成仇，并非完全是由于我们拒绝了他，更

话术

多的是我们拒绝的语言伤害了他。那么我们要如何拒绝呢？

小李 24 岁，才貌双全，大学毕业后到一家公司工作。不料，她的顶头上司对她一见倾心，便发起了猛烈的追求。小李怕直接回绝会伤了上司的自尊，给自己以后的工作带来不便。考虑再三，最后小李决定委婉拒绝，于是彬彬有礼地告诉经理："感谢你的厚爱，只是我已另有所爱，男友暂时在外地工作。"如此一来，经理在"相识太晚"的深深遗憾中打消了自己的念头，以平常心对待小李。

小李用合情合理的话拒绝了经理，既体现了对经理的尊重，又解除了自己的困扰。

知己知彼，理由才更好说

要想说出让对方心服口服的理由，就要先了解对方，根据对方的实际情况说出合理的能让对方接受的理由。

什么样的理由才能够让对方欣然接受呢？如果你对对方的情况不够了解的话，显然你很难说出好理由。

你应先了解对方的一些经历及现实状况。此外，思维方式不同，人的观念也不同，因此，你也要了解对方的人生观、价值观。

在交谈当中必须注意对方的心境，如果不顾对方的心理变化，未选择合情合理的理由而直白粗暴地拒绝，往往会让对方难以接受或引起他们的厌恶。

不该说理由的时候说了，则犯了急躁的毛病；该说理由的时候却没有说，则失掉了说话的时机。这些都不利于双方顺畅地交流。此外，在交谈过程中应兼顾对方的心理活动，使拒绝的理由能被听者理解与接受，这样才能不至于伤害他。

用对方的话中的逻辑来拒绝他

利用对方自身话中的逻辑来拒绝，也是拒绝对方的有效方式。

在交际过程中，当自己处于不利态势，为了寻找转机，强化己方的立场，也需要找理由拒绝对方。这时，如果你能灵活机智地用对方的话中的逻辑来拒绝对方，就能使对方不再坚持，从而达到自己拒绝对方的目的。

针对有的问题，我们可以巧妙地让对方站在自己的立场来考虑，以此来引诱对方作出判断，从而让对方明白自己的处境或意思，巧妙地拒绝对方的要求。

小李从一个朋友那里借了一架照相机，他一边走一边摆弄着，这时刚好小赵迎面走来了。他知道小赵有个毛病：见了熟人有好玩的东西，非得借去玩几天不可。这次看见了他手中的照相机又想借去玩。小李灵机一动，故作姿态地说："好吧，我可以借给你，不过你要答应我不要借给别人，你做得到吗？"小赵一听，连忙说："当然，当然，我一定做到。失信还能叫作人？"小李斩钉截铁地说：

"我也不能失信，因为我也答应过别人，这个照相机绝不外借。"听到这儿，小赵目瞪口呆，只好作罢。

通过设问，抛砖引玉，以对方的话中的逻辑来作为拒绝依据，使对方就此作罢。因为人不可以出尔反尔，推翻自我。

我们应该懂得引导对方说话，然后从对方的话中找到自己拒绝对方的突破口。

先承后转避直接

有时对方提出的要求有一定的合理性，但你因条件的限制又无法予以满足。在这种情况下，拒绝的言辞可采用"先肯定后否定"的形式，使其精神上得到一些满足，以减少因被拒绝而产生的不快和失望。例如，一家公司的经理对一家工厂的厂长说："我们两家搞联营，你看怎么样？"厂长回答："这个设想很不错，只是目前条件还不成熟。"这样既拒绝了对方，又给自己留了后路。

对对方的请求最好避免一开口就说"不行"，而是要适度地表示理解、认同，然后再据实陈述无法接受的理由，获得对方的理解，使其自动放弃请求。

李刚和王静是大学同学，李刚这几年做生意虽说挣了些钱，但也有不少的外债，两人毕业后一直没什么来往。一日，王静向李刚提出借钱的请求，李刚很犯难，借吧，怕担风险；不借吧，同学一场，又不好拒绝。思忖再三，最后李刚说："你在困难时找到我，是信任我，瞧得起我，但不巧的是我刚刚买了房子，手头一时没有积蓄，若是现在我手头宽裕，一定借给你。"

这种方法也是一种"先承后转"的方法，它先用肯定的口气去认可别人的一些做法和要求，然后再来表达自己拒绝的原因，这样就不会直接伤害对方的感情了，而且还能够使对方更容易接受你，同时也为自己留下一条退路。一般来说，你还可以采用下面一些话来表达你的意见："这真的是一个好主意，只可惜由于……我们不能马上采用它，等情况好了再说吧！""这个主意太好了，但是如果只从眼下的这些条件来看，我们必须放弃它，我想我们以后肯定是能够用到它的。""谢谢你的看重，我知道你如果对我不信任，认为我没有能力做好这件事，那么你是不会找我的，但是我实在忙不过来了，下次如果有什么事情我一定会尽我的全力来支持你。"等等。

有的时候对方可能会因为很急的事求助于你，但是你确实又没有时间、没有办法帮助他的时候，一定要考虑到对方的实际情况和他当时的心情，先承后转、委婉温和地拒绝，避免使对方恼羞成怒，造成误会。

拒绝还可以从感情上先表示同情，然后再表明无能为力。

小帅妈妈全职在家接送孩子上下学。同小区的佳佳妈妈跟她熟络后，希望她顺道也能把佳佳接了，等他们家有人回来后再把佳佳接回去。

话术

小帅妈妈说："佳佳妈妈，你们都忙着上班，而且下班时间挺晚的，那可真是辛苦呀！不是我不帮忙，关键是我家小帅太调皮了，男孩子嘛，您也了解吧！而且我在家还要做很多家务，我怕自己一时照顾不周，真是抱歉！"

佳佳妈妈听后，便不再坚持了。

下篇

善沟通:
跟任何人都能
聊得来

第一章

寻找共鸣，快速零距离沟通

先为对方着想

与对方沟通交流时，最重要的就是能够以真情感动对方。说话的时候先为对方着想，无疑是很好的方式。

在沟通时最好先了解对方的需求。若你一意孤行，以自我为中心，而不去弄清楚对方的需求，可能会进行无效沟通。

所以在谈话之前你所要做的就是尽你所能去了解别人的思想、观点，以便你可以知道：

什么使他们兴奋，什么使他们厌烦，什么使他们害怕。

他们真正需要什么。

了解他们的兴趣爱好。

…………

话 术

多方面了解后，不仅可以避免你犯难堪的错误，还能让你根据他们的需求设计表达方式，这样就会使你们的沟通更加融洽。

平时我们最常听见人们对与人沟通方面的三项抱怨是：

1. 他们认为别人不听他们的话。

2. 他们觉得受不到尊重。

3. 他们认为别人想要控制或操纵他们。

在与别人谈话的过程中，如果你先提自己的需求，这三种情况是最可能发生的。你先提别人的需求，它们就不太可能发生。

大部分人对自己的关注大过对别人的关注，对自身需求的热衷程度远高于对别人的需求。但是如果你先提别人最感兴趣的、最需要的方面，就能了解别人的关注点，建立联结，并且赢得别人的信任和尊敬。

当你提对方所需，为对方着想时，你会发现许多可喜的变化，而这些变化对你也是有利的。

首先，当你先提对方的需求时，对方会有以下表现：

1. 更认真地聆听。

2. 表情更丰富。

3. 听得较久再插话。

4. 对你说的点评得较多。

5. 等你在说你自己的需求时，也会听得较专心。

所以，在与对方交往沟通时，如果想取得较为满意的结果，你可以试着先为对方着想，满足对方所需，对方便可能看到你的友好与诚意，这样有助于你取得"双赢"。

说话的魅力在于真诚

真诚的语言是最能打动人的，巧妙地运用充满真诚的话语，可以促使说者与听者产生情感共鸣，可以使双方的关系变得融洽，从而营造出一种良好的沟通氛围，赢得广泛的人际关系，为成功创造有利的条件。

在人际交往中，我们经常会遇到"祝贺"这种交往形式，它一般是指对社会生活中有喜庆意义的事及其主人公表示热烈的庆贺和良好的祝愿。

你可以通过祝贺表示对对方的支持、关心、鼓励和祝愿，以抒发情怀，增进感情。祝贺的语言要真诚、富有感情，语气、表情、姿态等都要合理恰当。这样才会有较强的感染力，才能增进友谊。

道歉也是人际交往中常见的交流活动。为人处世，犯错误总是难免的，毕竟"人非圣贤，孰能无过"。别人关注你的错误，但更关注的是你对待错误的态度。所以犯错误后，我们首先要坦率承认、真诚道歉，获取原谅，并获得改正和弥补的机会。

你道歉的态度越真诚，获取谅解的概率就会越大。相反，有的人在犯错后态度极差，道歉时让人看不到一丝真诚，有的甚至根本就不道歉，只是一味地为自己辩解，结果使彼此之间的裂痕越来越大。

古人云："有朋自远方来，不亦乐乎！""最难风雨故人来。"都道出了朋友间所凝聚的真情厚谊。可以说，充满真诚、以诚暖人是交友说话、打动人心的重要态度，是赢得知心朋友的重要所在。

关怀的理念

对人关心和体贴，自然会让人感到温暖。多说这一类的话，会赢得真心的感动和感激。关心和体贴，代表了对别人的爱护、关切和照顾。歌中唱道："只要人人都献出一点爱，世界将变成美好的人间。"对别人关心和体贴就是对别人献出了爱，别人受到爱的感化，也会以爱相回报。关心和体贴的话会换来友爱，换来真诚，而"友爱"和"真诚"是每个人都需要的。有些人不是慨叹这世上"友爱"和"真诚"太少了吗？其实，只要问问他："你又给过别人多少关心和体贴呢？"恐怕他回答起来就很尴尬了。

此外，你平时对别人表现出的关心和体贴，还会成为你之后求别人办事的一种情感铺垫。想想你平时对别人那么好，谁还能拒绝帮你办些事情呢？

有一个人平常身体健康、精力充沛，在工作上也颇得心应手，单位内的人都认为他很有前途。可是有一天，他显露出悲伤的神色，很可能是家中发生了问题。

他虽不说出来，一直在努力地抑制，可总会有所流露。他和一同事共进午餐时，他用呆滞的眼神望着窗外。他的这种微妙的神情之变化，引起了同事的注意。同事便想以随意问安的话来开启他的心灵，找出他真正苦恼的原因，于是关切地问："小王，家里都好吗？"

"不！我正头痛呢，我太太突然病倒了！"

"什么？你太太生病了！那她现在怎么样？"

"其实也不需要住院，医生让她在家中疗养。太太生病后，我才感到诸多不便。"

"难怪呢！我看你的脸色不好，原来是你太太生病了。"

"想不到你的观察力这么敏锐，我真佩服你。"

在别人脆弱的时候去安慰他，这才是你应有的体谅和善意。

在别人精神状态不佳时，你不应该去刺激他，而应当设法让他的悲伤逐渐淡化。朋友的苦恼，在尚不为他人知晓前，你应主动设法了解，相信你的这份善意，会收获对方更大的善意回馈。

怎样在与别人交往时表达出自己的关心和体贴之情呢？在说话的时候，你可以参考下面的几种方法。

1. 示之以鼓励

给遇到磨难或陷于某种困境的人指出希望的方向，让他振作精神，从困境中走出来，对方会对你的善意表示感激。

2. 示之以关心

不论位卑位尊、贫贱富贵，人人都珍视感情。在必要的时候向别人表示关心，别人也同样会把善意之球抛掷给你。

作为上司，只有威严是不够的，还得富有人情味。下面是一个关于美国密西根贝尔电话公司总经理福拉多的生活片段：

在一个寒冷的深夜，纽约的一条不算繁华的道路上很少有车辆行驶。这时从街中心的地下管道内钻出一位衣着笔挺的人来。路旁的一个行人十分狐疑，他上前想看个究竟，一看却怔住了，他认出这个人竟是大名鼎鼎的福拉多！

原来地下管道内有两名接线工在紧张施工，福拉多特意去表示慰问。他说："你们辛苦了，我特地来慰问你们，没有你们，就没有我的事业。"

福拉多被称作"十万人的好友"，他与他的同事、下属、顾客乃至竞争对手都保持着良好的关系，他是一位富有人情味的企业巨人。

3. 示之以同情

如果周围的人遇到了什么挫折和不幸，我们真诚地给以同情，就可以让他感受到我们对他的关心和体贴。这样就能多少减轻一些他内心的痛苦。

当然，同情不是无原则地给予。如果对方的情绪产生于错误的思想，就不应当随便表示同情，以免助长其错误情绪。比如说一公司评定奖金，张三本来劳动态度不好，因而未评上一等奖，他发起了牢骚，李四如果在这时表示同情，那就等于助长他的错误思想，也不一定会起到安慰的作用，这时李四需要做的是劝导他正确对待，好好工作，下次争取。

不管采用什么办法，相信如果你的话语中充满了关心和体贴之情，对方就一定会被你所折服，你们的友谊也就更加牢固。

温语相求化冷面

会说话同会办事是相辅相成的。话说得好听，说得到位，对方才乐意接受你提出的条件和要求。

西汉时期有一个叫季布的人，他为人正直，乐于助人，所以在当时名声很好。季布曾经是项羽的部将，他很会打仗，几次把刘邦打败，弄得刘邦很狼狈。后来项羽在乌江自杀，刘邦夺取天下，当上了皇帝。刘邦每想起败在季布手下的事，就十分生气。愤怒之下，刘邦下令缉拿季布。

季布的邻居周季得到了这个消息，秘密地将季布送到鲁地一户姓朱的人家。朱家是关东一霸，素以"任侠"闻名。此人很欣赏季布的侠义行为，尽力将季布保护起来。不仅如此，他还专程到洛阳去找汝阴侯夏侯婴，请他解救季布。

夏侯婴从小与刘邦很亲近，后来跟刘邦起兵，转战各地，为刘邦建立汉王朝立下了汗马功劳。他很同情季布的不幸处境，在刘邦面前为季布说情，终于使刘邦赦免了季布，还封他为郎中。不久又任命他为河东郡守。

当时，楚地有个名叫曹丘生的人，能言善辩，专爱结交权贵。季布原来和这个人是邻居，很瞧不起他，偏偏曹丘生听说季布又做了大官，一心想巴结他，特地请求皇亲国戚窦长君写一封信给季布，介绍自己与季布认识。窦长君早就知道季布对他印象不好，劝他不要去见季布，免得惹出是非来，但曹丘生坚持要窦长君介绍。窦长君无奈，只好勉强写了一封信，派人送到季布那里。

季布读了信后，很不高兴，准备等曹丘生来时，当面教训教训他。过了几天，曹丘生果然登门拜访。季布一见曹丘生，就面露厌恶之情。曹丘生对此毫不在乎，先恭恭敬敬地向季布施礼，然后慢条斯理地说："我们楚地有句俗语，叫作'得黄金百两，不如得季布一诺'。您是怎样得到这么高的声誉的呢？您和我曾是邻居，如今我要是在全国各地宣扬您的好名声，这难道不好吗？您又何必不愿见我呢？"

季布觉得曹丘生说得很有道理，于是放下成见，并热情地款待他，留他在府里住了几个月。曹丘生临走时，季布还送给他许多礼物。曹丘生确实也照自己说过的那样去做，每到一地，就宣扬季布如何礼贤下士，如何仗义疏财。这样，季布的名声越来越大。

在这个故事中，季布本来是很讨厌曹丘生的，曹丘生却依靠自己的温语相求，与季布冰释前嫌，这不能不说是语言的功劳，有谁会忍心拒绝别人的温语相求呢？

适时、真挚地表达感激之情

中国是有着五千年文化传统的礼仪之邦，中国人向来是重感情的，但有些人含蓄内敛的天性又使得他们不善于表达自己内在的感情。在人们的日常生活和社会交往中，"谢谢"这两个字具有非凡的社交魅力。

有些人并非不想表达他们的感激之情，只是不知道该如何开口，所以选择了沉默。或者他们担心充满感情的表达会让对方感到不自在。善于表达，懂得说"谢谢"的社交高手总是在表达的时候让人感到内心的愉悦。

当然，在人际交往中，怎样说"谢谢"应注意以下几点。

1. 角色意识

不同的人心理是不同的。对什么人说"谢谢"和怎样说"谢谢"都很有讲究。因此，你在说"谢谢"时要讲究点"角色意识"。例如，小伙子对姑娘表示感谢，要言谨语慎，不然很容易造成误解。此外，感谢还要针对对方的不同身份特点而采取相应的方式。老人自信自己的经验对年轻人有一定的作用，年轻人在表示感谢时，就应采取敬重的态度。比如说："谢谢您，您的这番话使我明白了许多道理……"这会使老人感到满足，并对你产生好感，认为"这个小青年不错，孺子可教也"。

2. 言为心声

感谢的话语应该是心中一腔感激之情在语言上的自然流露。要做到声情并茂、吐字清晰，而不能冷言冷语、含糊不清。而且说"谢谢"时，眼睛要看着被感谢人，脸上应有诚恳、生动的表情或配以恰当的手势动作。不过，动作不要夸张或死板。可以设想一下，你在感谢时，倘若手舞足蹈、举止轻浮，一下子拍拍对方的肩，一下子拉拉对方的手；或者表情木然，低着头或仰着头，那么，对方肯定会心生不快之感。

3. 注意场合

在比较严肃的场合，感谢他人要添加一些强调的话语，比如："感谢您专程前来……""在此特别要感谢……"；有些应酬性的感谢可当众表达，比如："感谢您的盛情款待……"；在比较轻松的场合，适合用亲和的词语，这样更能拉近彼此的距离，比如："要不是你帮忙，这个事估计早黄了。"

4. 形式多样

感谢从不同的角度分，有不同的种类。有对个人的感谢，也有对单位的感谢；有对行为的感谢，也有对言语的感谢；有双方之间的感谢，有群体之间的感谢，还有国家之间的感谢；有语言式的感谢，有礼物式的感谢；有电话式的感谢，有信函式的感谢……

我们应选用恰当的类型与渠道表达感谢。

要记住：与别人交往时，若蒙受关照、帮助或恩情等，一定要适时、真挚地表达内心的感激，这样才会赢得别人的心。此外，表达感激时最重要的是要端正自己的态度、注意言辞、注意方式，这样你的感激才显得是出于真心的，你的感情才显得真挚。

第二章
赞扬有度，用自然的赞美获得认同

异性"赞美术"

作为男人要学会赞美女人。这样，你才能在女人面前受欢迎，使你魅力日增。

男人赞美女人是对女人的肯定，更是对女人魅力的一种欣赏。在男人眼里，女人身上总有美丽动人之处，或者是皮肤细腻，或者是身材苗条，或者是穿着得体。所以你一定要善于去发现、去捕捉她的美。只要你能慧眼独具，赞美得体，你一定会博得她的赏识与青睐。

夸赞一个女人有个性也是赞美的一种类型。只要是稍稍区别于他人的正面、积极的性格，你用"个性"二字来赞美她，无论是哪个女性，她都会心情愉悦。

或者，赞美女人的能力。现代社会，在各种事业中女人都表现出了她们非凡的能力，在某些方面工作能力还大大地超越了男性。而女人在取得很大的成就时，她们也是需要被这个社会所肯定的。她们希望男人能认同自己，肯定自己的能力，也希望他们能评价她们不再是处处依附于男人的人，而是能够独当一面、有能力的人。

除此之外，一些女人的生活能力也值得你一赞。日常家务，如烧饭做菜、收拾房间、照顾孩子，这些表现出她们的动手能力、审美能力、教育能力。作为男人，只要你在日常生活中不忘记赞美一下她们，定会让她们心情舒畅。

人们都说女人是用耳朵来生活的，赞美是女人生命中的阳光。然而，男人也一样，他们一样喜欢听到他人对自己的肯定和赞美，因为这会让他们有一种价值感，并由此充满自信。可以说，恰到好处的赞美是打在男人身上的一针强心剂。女人可以从以下几个方面对男人进行赞美：

1. 赞美他是成功的男人

由于传统社会对男性角色的定位——成家立业者，使得男人非常在乎自己在别人心目中的形象，无论在家庭生活中，还是在工作中，他们都希望能得到别人的认同。

对男人成功的方面进行及时的赞美，要注意把握分寸，过犹不及，说得太夸张、太过量、太谄媚就会引起对方的反感、误解。因此，即使是赞美，也要掌握分寸。

话　术

2. 赞美他是一位绅士

所谓风度，是男人在言谈举止中透出的一种正面、积极的态度或行为。不要以为有些男人真的是散漫随意、潇洒不羁，其实他们很在乎别人对自己言谈举止的评价。曾经有一位女士说起她和男友分手的原因，只因为她在一次朋友聚会上调侃了男友的局促，欠缺风度，就大大伤害了对方的自尊心，进而扔了句："既然你认为我没风度，那么分开好了。"

女人要懂得及时、适度地对男人生活中、工作中所展现的绅士风度进行赞美，这利于双方的关系更和谐。一位范先生说："有一次，我和女友乘出租车，下车后我替她打开车门，她说我的这一行为很有绅士风度。这句话极大地提升了我的自信心，也激励了我以后为人处事做得更好、更全面。"

3. 赞美他的仪表

许多男性承认，他们在关注女人外貌的同时，也十分关注自己的外貌，特别害怕女人把他们当作"绣花枕头"，因而他们对女人对他们外在形象的夸赞是特别敏感的，让女人欣喜的"你长得真美""你穿得真漂亮"之类的话，用在男人身上会让他们觉得特别不舒服，按他们的理解，这里透着一种嘲讽，好像说："你有些娘娘腔，你怎么打扮得像女人一样。"

所以说，若你真的想对男人表达你对他外貌的欣赏，还需谨言慎语。你可以称赞他的整体面貌"仪表堂堂""英俊潇洒"等，也可以对他的某个部位作出较高的评价，例如，"明眸皓齿""面如冠玉"或你的鼻子真坚挺等。

给他最想要的赞美

在一个人所走过的人生道路中，有无数让他们自豪的事情，这些都是一个人人生的闪光点。这些东西又会不经意地在他们的言谈中流露出来，例如，"想当年，我在厂里……""我年轻的时候……"等等。对于这些引以为荣的事情，他们不仅常常挂在嘴边，而且深深地渴望能够得到别人由衷的肯定与赞美。对于老师而言，引以为荣的往往是他的学生很有出息，为了表达对他的赞美，不妨说："×××真不愧是你的得意门生啊！现在已经自己出书了。"对于母亲而言，引以为荣的往往是她的有出息的孩子，你如果对她说："你有福气啊，孩子那么有出息。"她一定会高兴不已。对于老年人而言，他们引以为荣的往往是他们年轻时的一些光辉经历。

真诚地赞美一个人引以为荣的事情，可以更好地与之相处。乾隆皇帝喜欢在处理政事之余品茶、论诗，对茶道颇有见地，并引以为荣。

有一天，宰相张廷玉精疲力竭地回到家刚想休息，乾隆忽然驾临，张廷玉感到莫大的荣幸，称赞乾隆道："臣在先帝手里办了13年差，从没有这个先例，哪有皇上来看下臣的！真是折煞老臣了！"

张廷玉深知乾隆好茶，命令把家里的陈年雪水挖出来煎茶给乾隆品尝。乾隆很高兴地招呼随从坐下："今儿个我们都是客，不要拘君臣之礼。生而论道品茗，不亦乐乎？"水开时，乾隆亲自给各人泡茶，还讲了一番茶经，张廷玉听后由衷地赞美道："我哪里精通这些，只知道吃茶可以解渴提神。一样的水和茶，却从没闻过这样的香味。"另一位大臣李卫也乘机称赞道："皇上圣学渊源，真叫人瞠目结舌，吃一口茶竟然有这么多的学问！"乾隆听后心花怒放，谈兴大发，从"茶乃水中君子，酒乃水中小人"开始论起"宽猛之道"。真是妙语连珠、滔滔不绝，众臣洗耳恭听。乾隆的话刚结束，张廷玉赞道："下臣在上书房办差几十年，两次丁忧都是夺情，只要不病，与圣祖、先帝算是朝夕相伴。午夜扪心，凭天良说话，私心里常也有圣祖宽、世宗严，一朝天子一朝臣这个想头。我为臣子的，尽忠尽职而已，对陛下的旨意，尽力往好处办，以为这就是贤能宰相。今儿个皇上这番宏论，从孔孟仁恕之道发端，譬讲三朝政纲，虽然只是三个字'趋中庸'，却振聋发聩，令人心目一开。皇上圣学，真是到了登峰造极的地步。"其他人也都随声附和，让乾隆喜笑颜开。张廷玉和李卫作为乾隆的臣下，都深知乾隆对自己的杂经和"宏论"引以为豪。张、李二人对其大加赞美，让乾隆心花怒放。

　　一个人到了晚年，当他回首往事的时候，更喜欢回味和谈论自己曾经历的那些大风大浪，希望得到晚辈的赞美和崇敬。

　　一位已经80多岁的老人，一生中最大的骄傲便是独自一个人将

7个孩子养大成人，现在眼见一个个孩子都成家立业，他经常自豪地对孙子们说："你奶奶死得早，我就靠这两只手把你爸他们几个养大成人，真是不容易啊。"每当这时，他的孙子们都乘机美言几句，老人则异常高兴。

抓住他人最优于别人的、最引以为傲的东西，并将其放在突出的位置进行赞美，往往能起到出乎意料的效果。在这一点上，有一个很经典的实例。一次，曾国藩用完晚饭后与几位幕僚闲谈，评论当今英雄。他说："彭玉麟、李鸿章都是大才，为我所不及。我可自许者，只是生平不好谀耳。"一个幕僚说："各有所长，彭公威猛，人不敢欺；李公精敏，人不能欺。"说到这里，他说不下去了。曾国藩又问："你们以为我怎样？"众人皆低头沉思，忽然走出一个管抄写的后生过来插话道："曾师仁德，人不忍欺。"众人听了齐拍手。曾国藩十分得意地说："不敢当，不敢当。"后生告退而去。曾国藩问："此是何人？"幕僚告诉他："此人是扬州人。入过学，家贫，办事谨慎。"曾国藩听完后说："此人有大才，不可埋没。"不久，曾国藩升任两江总督，就派这位后生去扬州任盐运使。

他人最想要的赞美一定是真诚的，不是那种公式般的赞美，千篇一律的赞美，最让人反感。

"久仰大名，如雷贯耳，小弟才疏学浅，请阁下多多指教"，这类缺乏铺垫的，完全是公式化的赞美语，若从谈话的艺术观点来看，并不可取。言之有物才是说一切话所必具的条件，与其泛泛地说久仰大名、如雷贯耳，不如说"您上次主持的讨论会效果之佳，真是出人意料"等话，直接提及对方的成就。若赞美别人生意兴隆，不如赞美他推销产品的努力，或赞美他的商业手腕。泛泛地请人指教是不行的，你应该择其所长，集中某点请他指教，如此他一定高兴得多。赞美的话一定要切合实际，到别人家里，与其乱吹捧对方一场，不如赞美其房子布置得别出心裁，或欣赏墙上的一幅好画，或惊叹墙角的盆栽的精巧。若要讨主人喜欢，你要注意"投其所好"：主人爱狗，你应该赞美他养的狗；主人养了许多金鱼，你应该谈那些鱼的美丽。赞美别人最近的工作业绩、最心爱的宠物、最费心血的设计，这比说上许多无谓的、虚泛的客套话更佳。

有的时候并不只有什么伟大举动才值得让人赞美，一些微乎其微的小事也值得你给予肯定和称许。

如果某天早晨，你的丈夫偶然早起一次为你准备好了早餐，你不妨大大赞美他一番，那他今后起床做早餐的频率将会更高。如果你的小孩，有一天心血来潮在家做好了晚饭等你回家，当你回到家中，不要吃惊于孩子脸上的污渍，也不要愧惜已经摔碎的碗碟，先要将孩子赞美一番，即使孩子所炒的菜并不可口。因为你的赞美有助于孩子所做的下顿或者是下下顿饭变成美味。在公司，如果某位职员完成工作比你想象得高效，不妨表扬他一下，今后他在工作中就一定会更加充满激情。

如何赞美才不至于被认为是谄媚

如果今天一大早就有人夸你"衣着得体，非常漂亮，有精神"，那么你一天的学习、工作状态一定很好。小小的一句赞美有时起了很大的作用，可以迅速拉近人与人之间的距离，得到别人的喜爱，也可以给他人信心、快乐。

然而生活中一些人偏偏学不会恰当地赞美他人或不屑去赞美他人。谁都想要得到别人的肯定与赞同，为什么不试着去赞美一下别人呢？

要赞美他人，先要选好赞美的话题，不可过分夸张，更不能无中生有。对于青年客户，赞美他年轻有为、敢于开拓；对于中年客户，赞美他经验丰富、见多识广；对于知识分子，赞美他知识渊博、刻苦钻研；对于商人，赞美他头脑灵活、生财有道……这些都是恰如其分的，如果赞美一位中年妇女活泼可爱、单纯天真可能就会不伦不类，说不定还会招致臭骂。

清朝的李鸿章，位高权重，文武百官都想讨他欢心，以便使他多多提携自己，能升个一官半职，也好光宗耀祖。这一年，李鸿章的夫人要过五十大寿，这自然是个送礼的大好时机，寿辰未到满朝文武早已开始行动了，生怕自己落在别人后面。

消息传到了合肥知县那里，知县也想送礼，因为李鸿章祖籍是合肥，这可是结识、攀附李鸿章的绝好机缘。无奈作为小小的一个

话术

知县囊中羞涩，礼送少了等于没送，送多了吧，又送不起，这下可把知县愁坏了。知县思来想去拿不定主意，于是请师爷前来商量。

师爷看透了知县的心思，满脸自信地说："这还不好办，交给我了。保准您一两银子也不花，而且送的礼品让李大人刮目相看。"

"是吗？快说送什么礼物。"知县大喜过望，笑成了一朵花。

"一副寿联即可。"师爷肯定地说。

"寿联？这能行吗？"知县顾虑道。

师爷看到知县还有疑虑，便又保证道："您尽管放心，此事包在我身上，包您从此飞黄腾达。这寿联由我来写，您亲自送去，请李大人过目，不能疏忽。"知县满口答应。

于是第二天，知县带着师爷写好的对联上路了。他昼夜兼程赶到北京，等到祝寿这一日，知县报了姓名来到李鸿章面前，朝下一跪："卑职合肥知县，前来给尊夫人祝寿！"

李鸿章看都没看他一眼，随口命人给他沏茶看座，因为来他这里的都是朝廷重臣，区区一七品知县，李鸿章哪会看在眼里。

知县连忙取出寿联，双手奉上。

李鸿章顺手接过，打开上联，只见上联写道：

"三月庚辰之前五十大寿。"

李鸿章心想：这叫什么句子？天下谁人不知我夫人是二月的生日，这"三月庚辰之前"岂不是废话。于是，李鸿章又打开了下联，只见下联写道：

"两宫太后以下一品夫人。"

"两宫"指当时的慈安、慈禧，李鸿章见"两宫"字样，不敢怠慢，连忙跪了下来，命家人摆好香案，将此联挂在《麻姑上寿图》的两边。

这副对联深得李鸿章的赏识，他自然对合肥知县另眼相待，称赞有加。而这位知县也因此官运亨通了。

一副对联既抬高了李鸿章夫人的地位，同时又做到了不偏不倚，没有盲目哄抬。

要赞美他人，就要善于体察人心，了解对方的心理，有的放矢。

再谦虚、再不近人情、再标榜不喜欢听甜言蜜语的人，其实都喜欢别人的赞美。只要你赞美得有分寸，不流于谄媚，不伤人格，定会博得他人欢心。

有个笑话，某君是拍马屁的专家，连阎王都知道他的大名。死后阎王见到他，拍案大怒："我最恨你这种马屁精。"马屁精忙叩头回道："虽然世人都爱被拍马，可是阎王您公正廉明，谁敢拍您的马屁？"阎王听了，连说："对啊对啊，谅你也不敢拍我的马屁。"

赞美人的话不能过多，多了对方会不自在，觉得你是虚情假意、逢场作戏，因此不信任你。赞美过多也不利于交谈，在谈话中频频夸对方"好聪明""好有能力"，对方频频表示感激，客套话、赞美话说得过多，往往使谈话无法顺利进行。

赞美对方外在不如赞美他的内在或成绩。比如赞美对方容貌就不如赞美他的品位与能力。因为容貌是天生的，是爹妈给的，无法改变的，而品位与能力是自己后天养成的，表明了自己的价值，是自身的成功。

赞美的话要有新意。不要总空洞无物地夸对方"好可爱""好聪明"，应当有理有据。夸别人一身衣服好看，就不如夸她的上衣与裙子的搭配非常巧妙，非常合适，整体效果好。比如，陌生人刚见面时，如果他的名字很特别，你可以先赞美他的名字有新意、有内涵，以此拉近距离，展开后面的对话。这种方法可以让人觉得你很友好，很重视他，愿意和他交谈。

留心对方的反应，当对方对你的赞美显得不自在或不耐烦时，就要适可而止了。

赞美有度，点到为止

一个气球再漂亮、再鲜艳，吹得太小，不会好看；吹得太大，很容易爆炸。赞美就如吹气球，应适度为佳，点到为止。

在赞美他人时一定要坚持适度的原则。赞美一个人时，如果过分夸张，赞美就脱离了实际情况，让人感觉到缺乏真诚。因为真诚的赞美往往是比较朴实的、发自内心的，恭维、讨好则是过分夸张和矫揉造作的。

据说有一个年轻人曾经给恩格斯写了一封热情洋溢的信，信中称赞恩格斯是一位无与伦比的革命导师、伟大的思想家，甚至称其为马克思的再现等，恩格斯并没有因为这封信而有丝毫的感动，反而生气地回信说："我不是什么导师、思想家，我的名字叫恩格斯。"恩格斯作为一位杰出的思想家，他不喜欢别人在赞美他时用近乎夸张的词汇，又因为他和马克思有近几十年的友谊，他是非常尊敬马克思的，当然会忌讳别人称他为"马克思的再现"。

历史上有一位臭名昭著的马屁精冯希乐，他是一个热衷于拍马屁的人。有一次，他去拜访长林县县令，赞叹道："仁风所感，猛兽出境。昨日入县界，见虎狼相尾而去。"刚夸过不久，就有村民来报告："昨夜大虫连食三人！"长林县县令很不高兴地责问冯希乐究竟是怎么回事，冯希乐面红耳赤地回答说："是必便道掠食。"冯希乐的"马屁"夸张得脱离了实际情况，无视野兽吃人的本性，信口雌黄，说野兽已被县太爷的仁义教化所感动，所以离县而去，结果是抡起巴掌，自己打自己的脸，这就是所说的轻言取辱。

要做到点到为止、赞美有度是有技巧的。

1. 比较性的赞美

两个人或两件事相比较，在赞美对方的同时，也要让他意识到自己的优点和存在的差距，使对方对你的赞美深信不疑。有一次，汉高祖刘邦与韩信谈论诸将才能高下。刘邦问道："你看我能指挥多少兵马？"韩信回答："陛下至多能指挥十万兵马。"刘邦又问："那你能指挥多少兵马呢？"韩信自豪地回答："臣多多而益善耳。"刘邦笑道："既然你带兵的本领比我大，却为什么被我控制呢？"韩信很诚实地说："陛下不善于指挥兵马，但善于驾驭将领，这就是我被陛下控制的原因。"刘邦自己也曾说过，指挥百万军队，战无不胜，攻无不克，他不如韩信。这是他做了皇帝以后对自己的评价。韩信的赞美，首先肯定了刘邦控制大臣为自己效命的能力，但又指明了他在带兵作战方面与自己相比有不足之处，正与刘邦的自我评价相吻合。话说得很实在、很坦诚，刘邦不但不怒，反而很满意。此时，韩信与刘邦关系已很紧张，如果他违心地恭维刘邦调兵遣将无所不能，恐怕刘邦不愿意听，甚至会怀疑他在吹捧、麻痹自己。

2. 根据对方的优缺点提出自己的希望

"金无足赤，人无完人。"我们赞美时应既要看对方的优点和长处，同时还要看到对方的弱点和不足，讲究辩证法。常言道："瑕不掩瑜。"指出对方的缺点和不足，并提出一定的希望，不仅不会减弱你赞美的力度，相反会使你的赞美显得真诚、实在，易于为人接受。尤其是领导称赞下属时，要一是一，二是二，把握分寸，要有所保留。可以多用"比较级"，慎用"最高级"。领导可以在表扬时，把需要改善的方面和希望也提出来。

有效的赞美不应该绝对化。像"最好""第一""天下无双"这类的帽子别乱给人戴。有个企业的广告词说："没有最好，只有更好。"就显示了企业的真诚承诺，而不是哗众取宠、华而不实，在消费者中建立了很好的形象。实际上，一般人都对自己有个客观的认识和评价，如果你的赞美毫无界限，就会让人感觉你在曲意奉承，难以接受。我们在赞美时必须记住：一个人的成绩和优点毕竟是有限的。许多伟人看自己时，也都是有所保留。因此，赞美别人应当一分为二，有成绩肯定成绩，有不足也要说明不足，控制好赞美的度。

过分的夸奖对于被赞美者来说也是有百害而无一利的。高尔基曾经说过："过分地夸奖一个人，结果就会把人给毁了。"因为过分的夸奖，往往会使被赞美者不思进取，误以为自己已经是完美无缺了，从而停止前进的脚步。众所周知的方仲永，小的时候天资聪慧，别人称其为天才，其父则带他四处去走访宾客，接受赞美，结果等到他长大以后，才能"泯然众人矣"，跟别的人没有什么两样了。

赞扬最好辅之以提出希望，这样才能充分发挥赞美的积极作用。

称赞别人没有称赞过的美

"喜新厌旧"是人们普遍具有的心理。陈词滥调的赞美，往往让人觉得很没劲；新颖独特的赞美，则使人回味无穷。

1. 让人耳目一新的赞美

赞美是所有声音中最悦耳的一种。新颖的赞美，是有魅力的、

话 术

有吸引力的。简单的赞扬也可能是振奋人心的，但是一种本来不错的赞扬如果多次单调重复，也会显得平淡无味，甚至令人厌烦。一个女人就曾说过，她对别人反复说她长得很漂亮已经感到很厌烦，但是当有人告诉她，像她这样气质不凡的女人应该去演电影，给世界留下一些影片的时候，她笑了。

一部电视剧中有这么一个情景：父亲走入厨房看女儿做饭，他对女儿说："如果没有你做的饭菜，就像天上没有星星那么遗憾。"女儿露出了特别快乐的笑容。

2. 不一样的角度

一些人在公共场合谈话时，不知道怎样赞美别人，只能跟着别人说话，附和别人的赞美。常言道："别人嚼过的肉不香。"每个人都有优点和可爱之处。赞美要有新意，当然要独具慧眼，善于发现一般人很少发现的"闪光点"和"兴趣点"，即使你一时还没有发现更新的东西，也可以在表达的角度上有所变化和创新。

对一位公司经理，你最好不要称赞他如何领导有方、年轻有为等，因为这种话他一般听得多了，已经成了毫无新意的客套话，倘若你称赞他虚怀若谷、风度翩翩或潇洒大方等，他反而会更加欣喜。

法国某将军屡战屡胜，有人称赞他："你真是个了不起的军事家。"他无动于衷，因为这种称赞他听得多了，而且他认为作为将军，打胜仗是理所当然的事。而当那人指着他的鬓须说："将军，你的鬓须真可与美髯公相媲美。"这次，将军高兴地笑了。

赞美的角度很重要，新颖的角度将起到事半功倍的效果。

3. 新鲜的表达方式

赞美他人，在表达方式上是可以推陈出新、另辟蹊径的。

富兰克林年轻时，在费城开了一家小小的印刷店。那时，他参加了宾夕法尼亚州议会的选举。在选举前夕，困难出现了。有个新议员发表了一篇很长的反对他的演说，在演说中，竟把富兰克林贬得一文不值。遇到这么一个出其不意的敌人，是多么令人恼火呀！该怎么办呢？富兰克林讲述道：

"对于这位新议员的反对，我当然很不高兴，可是，他是一位有学问又很幸运的绅士。他的声誉和才能在议会里颇有影响。但我绝不对他表现出一种卑躬屈膝的阿谀奉承，以换取他的同情与好感。我只是在相隔数日之后，采用了一个别的适当的方法。我听说他的藏书室有几部很名贵又很少见的书，我就写了一封短信给他，说明我想看看这些很名贵又很少见的书，希望他慨然答应借我数天。他立刻答应了。"

富兰克林用一种不露痕迹的赞美方式来赞美新议员，恰如润物细无声。

表达赞美的方式有很多，要针对不同人、不同场合、不同时间选择最为恰当的方式。选择赞美方式时，既要考虑表达方式的新意，又要考虑对方的感受，综合各方面去思考，将会找到最适宜的表达方式。

话 术

多在背后说人好

世上背后道人闲话的人不少，大家都很清楚，被说之人一旦知道便会火冒三丈，轻则与其疏远，重则找其当面算账或绝交。因此，人们都引此为戒，唯恐犯背后说他人闲话的忌讳。然而背后说人优点，却有佳效。

《红楼梦》中有这么一段描写：史湘云、薛宝钗劝贾宝玉做官为宦，贾宝玉大为反感，对着史湘云和袭人赞美林黛玉说："林姑娘从来没有说过这些混账话！要是她说这些混账话，我早和她生分了。"

凑巧这时黛玉来到窗外，无意中听见贾宝玉说自己的好话，不觉又惊又喜。结果宝、黛两人互诉肺腑，感情大增。

在林黛玉看来，宝玉在湘云、宝钗、自己三人中只赞美自己，而且不知道自己会听到，这种背后的好话是难得的。倘若宝玉当着黛玉的面说这番话，好猜疑的林黛玉可能就认为宝玉是在打趣她或想讨好她。

背后说别人的好话，比当面赞美别人效果要好得多。一般我们在背后说他人的好话，也会通过各种各样的方式传到对方耳朵里去的。

赞美一个人，当面说和背后说有时所起到的效果是很不一样的。如果我们当面说人家的好话，有些人会以为我们是在奉承他、讨好他。当我们的好话是在背后说时，他们则会认为我们是真诚、真心说他们的好话，他们才会领情，并感激我们。有时我们当着上司和同事的面说上司的好话，一些同事会认为我们是在讨好上司，拍上司的马屁，从而容易招致他们的轻蔑。如果这种正面的歌功颂德所产生的效果很小，甚至起到反作用。那么，不如在上司不在场时，适度称赞。而我们说的这些好话，最终有一天会传到上司耳中的。

有一位员工与同事们闲谈时，随意说了上司几句好话："梁经理这人真不错，处事比较公正，对我的帮助很大，能够为这样的人做事，真是一种幸运。"这几句话很快就传到了梁经理的耳朵里，梁经理心里不由得有些欣慰和感动。而那位员工的形象，也在梁经理心里上升了。

在日常生活中，背着他人赞美往往比当面赞美更让人觉得可信。因为你对着一个不相干的人赞美他人，一传十，十传百，你的赞美迟早会被传到被赞美者的耳朵里。这样，你赞美的目的也就达到了。

众所周知的廉颇与蔺相如的故事就体现了这种赞美方式所产生的重大作用。蔺相如和廉颇是赵国的重臣，渑池之会之后，蔺相如被封为上卿，位居廉颇之上，廉颇心中很不服气，愤怒地说："我身为大将，有攻城野战的大功，蔺相如只不过靠耍嘴皮子的功劳，而位居我之上，我怎甘心位居其下？"并扬言要借机羞辱他。而蔺相如却在门下面前赞美廉颇，并说明他们两个保持和气的重要性。廉颇得知此事后，非常感动，上门负荆请罪。可见，间接赞美对于化解矛盾、协调人际关系都大有好处。

在日常生活中，如果我们想赞扬一个人，不便对他当面说出或没有机会向他说出时，可以在他的朋友或亲人等面前适时地赞扬一番。

当你面对媒体时，适当地赞美你的同行，是一种风度，也是一种艺术。

张艺谋作为导演在业内很有威望，但他不自视甚高，毫不吝惜对同行的赞美。对另一位名导演陈凯歌，他的评价如下："凯歌是个很出色的导演，我跟凯歌的共同特点在于我们都保持自己的个性。这个个性你可以不喜欢、不欣赏，但凯歌从不妥协，他保持他的个性。而中国这样的导演很少。不能因为凯歌的作品没有得奖，就说这说那的，我觉得这是一种短视。"

多在第三者面前去赞美一个人，也是赞美的一种有效的方法。假如有一位陌生人对你说："某某朋友经常对我说，你是位很了不起的人！"相信你感动的心情会油然而生。那么，我们要想让对方感到愉悦，就更应该采取这种在背后说人好话、赞扬别人的策略。

表扬下属要有方法

很多领导都可能会犯这样一些错误：明知下属有成绩却很少表扬；该表扬员工时却批评，以为这样更能激励员工。胡林翼曾说，"求将之道，在有良心，有血性，有勇气，有智略"。对于那些忠义的下属，将领一定要大方地表扬，以鼓励他们的忠心。但领导表扬下属时，一定要注意以下几点：

1. 要具体，切忌含糊其词

领导表扬下属本来是激发其工作热情的一种有效方法，但有时运用不适宜则会使下属反感。因此，领导在谈话中表扬下属时应斟酌词句，要明确具体。领导的用词越是具体，表扬的有效性就越高，因为下属会因此而认为领导对他很了解，对他的长处和成就很尊重。

2. 抓住时机

领导在与下属的谈话中能把握住有利时机去表扬对方，其效果可能是事半功倍，失掉有利时机，其效果则可能是事倍功半。一般来说，下属开始为他办某件有意义的事情，就应在开头予以表扬，这是一种鼓励；在这种行为的进行过程中，领导也应该抓住时机再次表扬，最好选在他刚刚取得一点成就的时候，这样有助于下属趁热打铁、再接再厉。另外，请不要忘记，当他的工作告一段落并取得一定的成绩时，应该给予其总结性的公开表扬。当然，领导在与下属交谈中，表扬也是有"度"的，适度表扬将会使下属心情舒畅，反之，则可能使他感到难堪、反感。因此，领导在讲话中必须从内容、方式等诸多方面把握好这个"度"。在上下级的语言艺术中，表扬是"点石成金"之术，但它仍需根据不同情况巧妙运用，只有恰当适宜的表扬，才能在交谈中架起"心桥"，使上下级关系更加和谐。

3. 多表扬他人才华

古希腊有句谚语："使人幸福的不是体力，也不是金钱，而是正义和多才。"才能，是一个人区别于他人的最明显的标志，是他幸福的源泉之一。我们表扬一个人，就要深深地打动他，而最能打动他人的表扬，莫过于对其才能的认可和高度评价。

我们周围不乏才华横溢之人，有的人有能言善辩的口才，有的人能妙笔生花，有的人善于发明，有的人演技高超……诸如此类的才华都是有价值的表扬题材。

4. 放下架子

领导放下"架子"表扬下属可以用谦虚、真诚的姿态来表现。

有的领导久居高位，总是一副高高在上的样子。在对下属进行表扬时，下属就很难对领导产生亲切感，也就难以产生感激之情。所以，领导在表扬下属时，必须放下架子，拉近与下属的距离，让下属感到领导的表扬是真心实意的，从而对领导产生感激之情。

5. 少说"我"，多说"你"

领导在表扬下属时应坚持少说"我"，多说"你"的原则。这主要是指领导要使下属始终成为话语的中心，领导可通过表示欣赏、认可等方式来显示对下属的由衷赞叹。领导要善于分享他的欢乐，肯定他的成功，为他所骄傲的事情喝彩。总之，领导要使他得到在别人那里得不到或未被满足的某种心理需求，使对方感到被关怀，感到自我价值得到实现。

第三章
有理有据，句句说到心坎里

说服从"心"出发

说服的最佳效果是双方达成共识，启发对方进行心理位置互换，让对方设身处地感受别人的心理，主动调整自己的态度和行为方式。

用语言做假设，可达到将心比心的目的；用实际的行为现身说法，让对方体验别人的心理，进而对自己的言行进行调整，同样可达到将心比心的目的。

一家定制服装店有位营业员很会做生意，他的营业额比一般营业员都高，有人问他："是不是因为能说会道，所以生意兴隆？"他回答说："不是，我的秘密武器是当顾客是自己人。"

有一天，某位顾客站在柜台前东瞧瞧、西看看，还不时用手摸摸摆在柜台上的布料，却不肯买。营业员于是赶忙迎上前去说："您是相中了这块布料吗？这块布料很不错，但是您要看仔细，这块布料染色深浅不一，我要是您，就不买这一块，而买那一块。"

说着，营业员又从柜台里抽出一匹布料，在灯光下展开，接着说："您的气质穿这种面料的衣服会更好些，美观大方。要论价钱，这种面料比您刚才看到的那种每米贵 10 元，做一件衣服才多 30 多元，您仔细看看，认真盘算盘算哪块布料合适。"

顾客见这位营业员如此热情、诚恳，于是不再犹豫，选择了营业员推荐的布料。

这位营业员之所以能成功地做成这笔生意，就是因为运用了将心比心的办法。站在买家的立场上为顾客推荐，使对方的戒备心理、防范心理大大降低，而且产生认同感，故而说服了顾客，做成了生意。

将心比心是站在对方的角度谋划和考虑，理解对方的心理、对方的需求、对方的困难，因此这种说服方法容易使对方接受，并能达成共识。

适当地站在别人的立场去想，并结合对方的实际去满足对方的需求。如果你懂得这个道理，那你的事业肯定会越来越顺风顺水。

要说服对方，你必须将心比心，充分地为对方考虑，与说服对象站在一起，两者的关系越融洽，说服越容易取得成功，这是因为人类有一个共同的天性，即喜欢听"自己人"说的话。

一位心理学家莫恩在加利福尼亚州一个海滩上搞了一个传播训练公司，在培训过程中他发现，最佳商品推销员都能模仿顾客的声调、音量和言辞，表现顾客的姿态和情调，甚至还能下意识地在呼吸动作上与顾客相协调，好像是顾客的一面镜子把顾客发出的每一个信号反射回去。

这种在具体行动上，甚至是些很微不足道的方面表现出来的在感情上与听众的亲近感与认同感，往往会使你得到巨大的感情回报和共鸣。而一旦建立了这种感情共鸣，不需要过多苦口婆心的劝诫与说服，就能让对方听取自己的意见。

以利益为说服导向

在推销方面，推销员为了唤起顾客的注意，激发其购买欲，往往是阐明对方购买此物的利益点所在进行说服。

此外，如果你在说服别人接受某事或想拜托别人做事情时，不管怎样恳求对方，对方总是敷衍应付，漠不关心。这时你应该着重阐明对方的利益点所在，然后再诱导说服。

在英国工业革命方兴未艾时，以发明发电机而闻名的法拉第为了能够得到政府的科研资助，去拜访首相。

法拉第带着一个发电机的雏形，滔滔不绝地讲述着这个划时代的发明，但首相的反应始终很冷淡，一副漠不关心的样子。

事实上，这也是无可奈何的事情，因为他只是一个政客，要他看着这种周围缠着线圈的磁石模型，心里想着这将会带给后世产业结构的大转变，实在是太困难了。但是法拉第在说了下面这段话后，使原本漠不关心的首相突然变得非常关心起来，他说道："首相，这个机械如果能投入使用的话，必定能增加税收。"

显而易见，首相听了法拉第所说的话后，态度突然有了巨大的转变。就是因为这个发动机，将来一定会获得相当大的利润，而利润增加必能使政府得到一笔很大的税收，而首相关心的就在于此。

只要了解对方真正追求的利益，进而满足他的欲望，便可达到目的。如果能够充分理解这一点，那么想要说服他人就有如探囊取物般容易了。

让历史帮忙做说客

以史为鉴，于人可以知得失，于国可以知兴替，小到立身，大到治国，历史都是一面镜子。因此，引用历史的经验和教训作为论据，极富说服力。

杜坦是西晋名将杜预的后代。西晋末年，中原战火四起，民不聊生，杜家为躲避战乱来到河西，投靠了前凉张轨政权，后来前凉被苻坚攻灭，杜氏又辗转于关中一带。

417 年，宋武帝刘裕灭后秦，杜坦兄弟便随即渡江，来到南方。

当时，南方实行士族制度，渡江较早的，地位极高。晚来的士族，尽管其祖辈在北方是名门世家，朝廷也不给他们优厚的待遇。他们之中的杰出人才，也不可能成为上层阶级。

一天，宋武帝与杜坦在一起闲谈，武帝说："可惜呀，现在再也找不到像金日磾（jīn mì dī）那样的人才了！"

杜坦答道："金日磾生于今世，也只不过能养马，怎会被委以重任呢？"

宋武帝闻听此言，马上变了脸色："卿为什么把朝廷看得如此之薄？是说我不重视人才吗？"

杜坦说："那就以我为例吧。臣本来是中原的名门，世代相承。只不过因为南渡较晚，便受到冷遇。"

宋武帝一时无言以对。

还有一个是唐朝的事例。

唐朝的尉迟敬德依仗自己是开国重臣，骄狂放纵、盛气凌人，招致同僚的极大不满，甚至有人告他谋反。

李世民知道后，问尉迟敬德为何有这种心思。尉迟敬德回答："臣跟随陛下讨伐四方，身经百战。如今幸存者，只有那些刀箭底下逃出来的人。天下已经平定，反而怀疑起臣下会谋反吗？"

说着把衣服脱下扔在地上，露出身上的累累伤痕。李世民感动至极，只得以好言好语安慰一番。但是，尉迟敬德的骄纵狂妄一点也未有所收敛。

一天，尉迟敬德在太宗举行的宴会上与人争论谁是长者，一时气急，居然打了任城王李道宗，弄伤了李道宗的一只眼睛。皇上见尉迟敬德如此放肆，十分震怒。

事后，李世民单独召见了尉迟敬德，语气严厉地告诫他："朕的确想和你们同享富贵，然而你居功自傲，多次冒犯别人。你难道不知道古时韩信为何被杀吗？在朕看来，那并不是汉高祖的罪过！"

尉迟敬德这才害怕了，从那以后做事便虚心、本分了许多。

引用史实可以充分发挥历史事实、典故等的说服力，生动形象而且有感染力，有助于人们从中得出结论，获得启迪。

先抬高对方再说服

给人一个超乎事实的美名，就像用"灰姑娘"故事里的仙女的魔法棒，点在灰姑娘身上，会使她从头至脚焕然一新。

研究孩子的天性，我们可以发现一点：当我们称赞夸奖他们时，他们是何等高兴、满足。其实，他们有时并不一定具有我们所称赞的优点，而只是我们期望他们做到这点而已。这就是一种典型的"戴高帽"做法。在我们与人交往时，何不适度地效仿这一做法呢？因为不管是大人还是小孩子，他们都喜欢别人给自己一个美名，如果他们没有做到这一点，内心里也会朝此目标努力，因为他们知道这样就可以得到美名，获得他人的赞赏。

假如一个好工人变得消极散漫、不负责任，你会怎么做？你可以解雇他，但这并不能解决任何问题。你可以责骂那个工人，但这只能引起怨怒。

亨利·汉克是印第安纳州洛威市一家卡车经销商的服务经理，他公司有一个工人，工作积极性和效率每况愈下。但亨利·汉克没有训斥他，而是把他叫到办公室里来，跟他进行了坦诚的交谈。

他说："希尔，你是个很棒的技工。你在这里工作也有好几年了，你修的车子也都令顾客很满意。有很多人都称赞你的技术好。可是最近，你的工作积极性和效率大不如以前了，而且质量也与之前相去甚远。也许我们可以一起来想个办法解决这个问题。"

希尔被经理所说服，并且向他的上司保证，他以后一定会改进。

总之，你若要在某方面去改变一个人，就把他看成他已经有了这种杰出的特质。莎士比亚曾说："假如他没有一种德行，就假装他有吧！"给他们一个好的名声来作为努力的方向，他们就会痛改前非，努力向上，而不愿看到你的希望破灭。

对于那些地位显赫、有权有势的人，想要说服他们，更要学会先抬高后说服的策略。

相传，古代有位宰相请理发师给他修面。那理发师修面修到一半时，忽然停下刮刀，两眼直愣愣地看着宰相的肚皮。

宰相见理发师发愣的样子，心里很纳闷：这肚皮有什么好看呢？就问道："你不修面，却看我肚皮，这是为什么呢？"

话术

理发师答道："听人们说，宰相肚里能撑船，我看大人您的肚皮并不大，怎么可以撑船呢？"

宰相一听，哈哈大笑，说道：

"那是讲宰相的度量十分大，能容天容地容古今，对鸡毛蒜皮的小事从不斤斤计较。"

理发师一听这话，"扑通"一声跪倒在地，哭着说："小人该死，方才修面时不小心将大人您的眉毛刮掉了，万望大人大德大量，恕小的无罪！"

宰相听说自己的眉毛被刮了，不禁怒从心起，正想发作，转念一想：刚才自己还讲宰相的度量很大，我又怎好为这小事给他治罪呢？于是，只好说："无妨，用眉笔把眉添上就行了。"

聪明的理发师以曲折迂回之法，层层诱导宰相进入自己早已设好的易进难退的圈套中，化解了一场危机。

步步逼近，软磨硬泡

说服过程中最忌讳的就是遇到困难就退缩的态度，或没有耐心、没有速战速决的方法。有很多事情，不是一时半会儿就可以解决的，你要找出问题的症结，了解对方冒险的程度、考验对方的实力、找出对方的弱点、知道对方的要求，或者要改变对方的期望程度，等等，都需要时间来完成，甚至应该知道对方处在压力下会做出什么选择，这一切都是需要时间的。如果没有坚强的意志、毅力，是不会达到你的预期目标的。

欲速则不达，要说服成功一定要周密策划，沉着应对。对方施硬，你就来软；对方转软，你要变硬；应该讲法时，对他讲法；应该说理时，和他说理；应该论情时，与他论情；应该谈利害时，向他谈利害，用各种方法来轮番"轰炸"，始终坚持，绝不妥协。在说服过程中，耐心是最强有力的武器，尤其是当对方已经被动摇的时候，只要你再做最后的坚持，不利的形势就会好转。

面对敏感的问题，有时说服的进程遇到了障碍，说服者无法获得满意的答复，然而，这一答复对于说服者又至关重要。在这种情况下，有经验的说服者会设计出一系列问题，或纵向追问，或横向追问，从而在对方对这些问题的回答中拼凑出一种明确的答案，搞清事实。

巴普自办了一个剧场，却总无戏剧评论家前来光顾，他深知没人宣传就没有观众，于是大胆闯入《纽约时报》想要搬尊大神助力。巴普点名要见著名评论家艾金森，凑巧艾金森在伦敦访问，巴普干脆待在报社不走："我就等到艾金森先生回来！"艾金森的助手吉尔布无奈，只好询问其原因。巴普便大施说服之术，说他的演员如何优秀、观众如何热烈，最后摊牌："我的观众大多是从未看过真正舞台剧的移民，如果贵报不写剧评介绍，那我就没经费继续演下去了！"吉尔布见其态度坚决，不由得感动了，答应当晚就去看戏。

谁知，露天剧场的演出到中场休息时遇上了滂沱大雨，巴普看到吉尔布跑去避雨，就赶过去说："我知道剧评家平常不会评论半场演出的，不过我恳求你无论如何破个例。"巴普一次次地游说，真诚也有，"无赖"也有，斯人斯言到底感动了上苍，几天后一篇戏的简评见报，巴普剧场也日渐红火起来。

一个名不见经传的小小剧场主，其言何以搬动了《纽约时报》这尊大神？那不正是步步紧逼、巧舌游说的结果吗？言语的力量，正是在那步步紧逼、软缠硬磨中展示出来的。

讲道理时最好打个比方

譬喻，可谓论辩艺术之精华。譬喻是用具体的、浅显的、熟知的事物去说明或描写抽象的、深奥的、生疏的事物的一种手法。说理中，取喻明显，把精辟的论述与摹形状物的描绘糅合为一体，既能给人以哲理上的启迪，又能给人以艺术上的美感。

古希腊哲学家亚里士多德说过："善于比喻是天才的标志。"的确，善于譬喻是驾驭语言能力的表现。说理时运用贴切、巧妙的譬喻，可以生动地表情达意，增强说理的魅力。

公元前 598 年，南国霸主楚庄王兴兵讨伐陈国。楚师风驰云卷，直逼陈国都城，不日即擒杀了弑君篡位的夏徵舒，随即将陈国纳入楚国版图。楚国的属国听闻楚王灭陈而归，俱来朝贺，唯有刚出使齐国归来的楚国宗室、大夫申叔时对此不表态。楚王派人去批评他说："夏征舒杀其君，我讨其罪而戮之，难道伐陈错了吗？"申叔时要求见楚王当面陈述自己的意见。

申叔时问楚王："您听说过'蹊田夺牛'的故事吗？有一个人牵着一头牛抄近路经过别人的田地，践踏了一些禾苗，田主十分气愤，就把这个人的牛给夺走了。这件事如果让大王来断，您怎么处理？"庄王说："牵牛践田，固然是不对，然而所伤禾稼并不多，因这点事夺人家的牛太过分了。若我来断，就批评那个牵牛的，然后把牛还给他。"申叔时接过楚王的话茬儿说："大王能明断此案，而对陈国的处理却欠推敲。夏征舒弑君固然有罪，但他已自立为新君，讨伐其罪就行了，今取其国，这与夺牛的性质是一样的。"楚王顿时醒悟，于是恢复了陈国的主权。

从对方得意的事说起

生活中其实每个人都有自认为得意的事情，这种事情的本身究竟有多大价值，是另一问题，而在他本人看来，却认为是一件值得终生纪念的事。你如果能预先打听清楚，在有意无意之间，很自然地讲到他得意的事情，只要他对你没有厌恶的情绪，只要他目前没有其他不如意的事情，在情绪正常的情况下，他一定会高兴地听你说的，此时沟通与交往就容易得多了。

你在说对方得意之事的时候当然要注意技巧，适度表示敬佩，不要过分神化，否则会引起他的反感。对于这件事情的关键，要慎重提出，加以正反两方面的阐述，使他认为你是他的知己。到了这种境地，他自然会格外高兴，会亲自讲述，你应该一面听，一面说几句表示赞赏的话，如此一来，即使他是个冷漠的人，也会变得和蔼可亲。

若你有事相求，也可利用此法，在对方高兴之时，稍稍暗示你的意思，进行试探，作为继续进攻的基点。对于谈判经验不丰富的人，若到此步，已不算坏，要想一举成功，除非对方与你素有交情，又正逢高兴的时候，而且你的谈吐又是很容易令人接受的，否则千万不要存此奢望。

对方得意的事情要从哪里去探听？那当然要另谋途径，试着在你的朋友之中找一下是否有与对方交往的人，如果有，向他探听当然是最容易的。如能留心报纸上的新闻或其他刊物，平日记牢关于对方的得意事情，到时便可以应用。此外，随时留心交际场合中的谈话，适时适度地谈到对方得意的事情，让对方欢欣鼓舞。对方在高兴的时候，你的请求易于接受；在对方不高兴的时候，虽是极平常的请求，也可能会遭到拒绝。比如对方最近做成了一笔生意，你称赞他目光精准、手腕灵活，引得他眉飞色舞，再乘机表达你的请求，便容易得到他的积极回应。诸如此类的例子很多，全在于你处处留心，善于利用。

当你提出请求时，首先，要看时机是否成熟，其次，说服过程中要不卑不亢。过分的哀求，反而会引发对方藐视你的心理。尽管你的心里十分着急，但说话时的表情还是要表现得大方自然，并且要说出对方的利益点来，而不仅仅是着重于自己的利益。

第四章
批评不伤人，反而让人欣然接受

私底下指出他人的缺点

每一个人都难免有缺点，并且有时会在公共场合暴露出来，破坏气氛。面对这种情况怎么办呢？是当场指出别人的缺点，还是先静候合适时机，等到私底下再指出来？私底下指出一般是面对别人缺点采取的正确做法。有的人常常容忍别人的缺点，有的人就直接当场宣扬，让别人下不来台。这两种做法都是不可取的。

做人要拥有一颗宽容的心。"金无足赤，人无完人。"记得有位专家就说过，不要苛求别人，宽容才会让你不断完美起来。在别人的某些缺点不算严重时，我们应该以私下谈心的方式委婉指出来。当场训斥不如私下谈心。只有我们拥有了一颗宽容的心，别人才能感受到我们的真诚，在我们指出他的缺点时，他才能心悦诚服地接受，并积极改正。

朋友之间，指出缺点总是要担负伤和气的风险的，但作为朋友应该承担这种风险。风险有大有小，关键是用的方法适当与否。从小处说，就是在私底下指出对方的缺点。人总是要讲点面子的，指出缺点时应该顾及对方的面子，说话尽可能婉转一些，尤其不要当众给朋友生硬"挑刺"。即使在私下场合指出对方的缺点和错误，也应充分考虑，使用让对方愉快接受的方式，最好先聊聊其他事情，以便在气氛融洽的基础上再婉转地指出问题。

指出缺点更多时候是发生在角色、地位并不平等的人之间，比如上司对下属，老师对学生。

地位高的人就可以随时随地公开指出地位低的人的缺点吗？当然不应该，上司和老师同样应该注重时机和场合，合情合理地维护下属和学生的面子。

当员工肆意违背明确的规章制度时，犯下大错时，当然应当众指出其过错，在让他认识到缺点错误的同时，也可对其他人起到警示作用。假若员工只是在工作上出现小小的失误，并且不是有意为之，则可在私下为其指出来，或以含蓄、暗示的方式使其意识到自己的缺点。这样既能维护他的面子，又能达到帮他改正的目的。

作为老师，指出学生的缺点也需要掌握一些技巧。

刘老师班上有个女生很优秀，有一段时间内看到别人比自己成绩好，心里不平衡。刘老师就通过网上聊天工具和她聊天，引导她克服心理障碍。这个女生很感激，顺利地调整了自己的情绪。对其他缺点突出的学生，刘老师也尽量采取类似方法。刘老师照顾学生们的面子，学生们也尽力改正自己的缺点。

有一次，刘老师经过教室，听到一位同学正在用粗话骂他，他装作没听见，事后私下把那位同学请到办公室，告诉他老师已经听到他说的那句话了，不想当着全班人的面来批评他，是为了尊重他。于是学生很诚恳地承认了自己的错误并向老师道歉，后来这位同学也变得很有礼貌了。试想，如果刘老师当时走进教室狠批他一顿，不但自己很尴尬，还有可能换来学生私下里更难听的粗话。

一位教育专家这样评价刘老师：刘老师这样做是讲策略的，育人工程最艰辛，关键要用心！

所以，尊重别人，在私底下指出其缺点，既能表现出对别人的尊重，也能赢得别人对你的尊重。

一个人的自尊是最宝贵也是最脆弱的。很多谈话高手在批评别人时，都会选择一种委婉的方式，而不是不看场合直言不讳地大批一通。因为这样会令对方难堪至极，不但达不到批评教育的目的，日后对方也会对此心生忌讳。

聪明人往往在发现对方的不足时，想办法找个机会私底下和他沟通，而且批评也是较为含蓄的，甚至他会将批评隐藏在玩笑中，这样就能让对方很容易地接受建议了。

批评前别忘了夸一夸

未批先夸，实际上就是一种欲抑先扬的方式，即在批评别人前，先找出对方的长处称赞一番，然后再提出批评，最后再使用一些鼓励性的词语。这种方法会使人认为你的批评是公正客观的，自己既有过失，也有成绩。这样就减少了因批评所带来的抵触情绪，能收到良好的效果。

某领导发现其秘书写的总结有不妥之处。他是这样批评秘书的："小张，这份总结总的来说写得不错，思路清楚，重点突出，有几处写得很有见地，看来你下了功夫。只是有几个地方提法不妥，有些言过其实，有的地方尚缺定量分析，麻烦你再修改一下。你的文笔不错，过去几次写总结也是越改越好，相信你这次也一定能改出一份好总结来。"

这样说，秘书会感到领导对自己很公正、很器重，充满期望和信任，因而就会很卖力地把总结改好了。

当某人听到别人对他的某些长处表示赞赏之后，再听到对他的批评，心里往往会好受得多。

有些人往往在使用这一招的时候会加上"但是"两个字，这容易突显出后面批评的意味。

有许多人在真诚赞美之后，喜欢加上"但是"两个字，然后开始一连串的批评。举例来说，有人想改变孩子漫不经心的学习态度，很可能会这样说:"小虎,你这次整体成绩进步了,我们很高兴。但是,你的数学成绩不理想,努力程度不够……"

在这个例子里,原本受到鼓舞的小虎,在听到"但是"两个字后,很可能会忽略原来的赞美之词,变得紧张起来,这样就可能被他理解为这是纯粹的批评,从而影响到他的心态和改错的积极性。

如果我们改变一两个字,情况就会大为改观。我们可以这么说:"小虎,你这次整体成绩进步了,我们很高兴。如果,你在数学方面多多努力,改善、提高一下的话,下次一定会跟其他科目一样好。"

这样,小虎一定会欣然接受并改善了,因为后面没有直接明显的批评,只间接提醒了他应该改进的方面,他便懂得接下来该如何做以达到老师的期望。

批评他人要就事论事

评价或批评,只能针对一个人的某些行为、行动和表现,而不能凭个人喜好刻意地针对这个人,也就是平常所说的对事不对人。

任何人都有获得别人尊重的需要,批评、责怪一个人本身与批评、责怪一个人做出的行为有很大的区别,给人留下的印象也不同。例如,一个学生解一道化学题,由于不小心,将分子式写错了,如果老师批评他:"你怎么这样笨,这么小的问题也会出错!"被批评者心里肯定极不舒服。如果老师只针对他写错了分子式这一行为来批评，最后提醒他以后多加小心，被批评者一般会心服口服。

领导的批评应当针对下属的行为，而不应针对下属本身。对下属进行人身攻击容易形成上下对峙的局面，导致下属心理上的敌对，产生副作用。例如，某位领导在大会上对几个总是迟到的人进行批评，可以有两种说法。一种是主要针对人而言："我们单位有几个出了名的总迟到的人，这几个人脸皮特别厚，这种人头脑中毫无组织纪律观念，自由散漫，吊儿郎当……"另一种是对事而言："最近开会经常出现迟到现象，虽说人数不多，但迟到往往浪费其他人的时间，大好时光在等待中被浪费掉了。迟到也往往影响会场纪律，影响其他同志的情绪，希望同志们能重视这个问题，杜绝迟到现象。"两种批评语相比，显然第二种优于第一种，前者用词尖刻，极易使当事人难以承受；后者语气比较委婉，既批评了不良现象，又保全了当事人的颜面，团结了人，利于他们积极改善。

批评要善意，要尊重被批评者，对事不对人，以理服人。对事，也仅仅是针对其具体的缺点、错误，不能只抓住一点，不计其余，否定一个人的全部。而且还要进一步分析其动机与效果，如动机良好、效果不佳，就要先肯定其良好的初衷，再批评不当之处，然后教给其正确的方法。切忌在情况尚未了解清楚之前就发脾气、乱指责，更不能挖苦、讽刺、嘲弄，不能揭老底、算总账、搞人身攻击。因为那只会造成或加剧对立情绪，使对方口服心不服，甚至口不服心也不服，讲形式、走过场地来个假检讨，但思想并未受到触

话　术

动，事后依然故我。这种批评看起来火药味挺浓，其实际效果则微乎其微。

在批评他人之前，先要明确是就哪件事或事情的哪个方面进行批评，越具体明确越好。若批评得抽象笼统，"一竿子打死一船人"，就难以达到想要的效果。

意味深长的暗示是最好的批评

在日常生活中，我们常常会用到批评这种手段，但我们有些人批评起人来简直让人无地自容，下不了台阶。其实，这种批评方式不但无法达到让他人改正错误的目的，而且有碍于自己的人际关系，严重时甚至会毁掉一个人。既然如此，为何还要使用这种"残酷"的方式呢？在生活和工作中，我们不可能没有批评，但要学会巧妙地批评，让他人既意识到自己的错误，同时也理解你善意批评的意图，使他内心里对你心存感激。批评的一种有效方式就是进行暗示性批评。

间接批评别人的错误，要比直接说出口来得温和，且不会引起别人的强烈反感。那些对直接批评难以承受的人，间接地让他们去面对自己的错误，会有非常神奇的效果。

宋真宗时，益州知州张咏听说寇准当上了宰相，对其部下说："寇公奇才，惜学术不足尔。"这句话实事求是、一语中的。

张咏与寇准是多年的至交，他很想找个机会劝老朋友多读些书。恰巧时隔不久，寇准因公来到陕州，刚刚卸任的张咏也从成都来到这里。老友相会，格外高兴。临分手时，寇准问张咏："何以教准？"张咏对此早有所考虑，正想趁机劝寇公多读书。可是又一琢磨，寇准已是堂堂宰相，居一人之下，万人之上，怎么好直截了当地说他没学问呢？张咏略微沉吟了一下，慢条斯理地说了一句："《霍光传》不可不读。"寇准回到相府后，赶紧找出《汉书·霍光传》仔细阅读，当他读到"光不学无术，暗于大理"时，恍然大悟，自言自语地说："此张公谓我矣！"当年霍光任过大司马、大将军要职，地位相当于宋朝的宰相，他辅佐汉朝立有大功，但是居功自傲，不好学习，不明事理，这与寇准有某些相似之处。因而寇准读了《霍光传》，很快明白了张咏的用意。

张咏与寇准过去是至交，但如今寇准位居宰相，直接批评效果不一定好，而且传出去还会影响寇准的形象。批评太轻了，又不易引起其思想上的变动。在这种情况下，张咏的一句赠言"《霍光传》不可不读"，可以说是绝妙。别看这仅仅是一句话，其实它能胜过千言万语。"不学无术"，这是常人难以接受的批评，更何况是当朝宰相，而张咏通过建议寇准读《霍光传》这个委婉的方式，就使其愉快地接受了自己的建议。正所谓："借它书上言，传我心中事。"

有一次，几个属鼠的男同学在期中考试中考了满分，挺得意，有点飘飘然。他们的班主任发现了，就对他们说："怎么，得意了？

你们知道得意意味着什么吗？请注意今天下午的班会。"那几个男同学猜想：糟了！在下午的班会上，等待他们的准是狂风暴雨！可奇怪的是，在班会上，班主任的批评却妙趣横生，他说："树林子要是大了，就什么鸟儿都有，自然，天下大了，就什么老鼠都有。我就听说过这么一个故事。有只小老鼠外出旅游，恰好两个孩子在下兽棋，小老鼠就悄悄地看。它发现了一个秘密，那就是，尽管兽棋中的老鼠可以被猫吃掉，被狼吃掉，被虎吃掉，却可以战胜大象。于是它立刻认定：自己才是真正的百兽之王呢！这么一想，小老鼠就得意起来了，从此瞧不起猫，看不起狗，甚至拿狼寻开心。有一天，它还大摇大摆地爬到老虎的背上，恰好老虎正在打瞌睡，懒得动，只是抖了抖身子。小老鼠于是更加得意，它还趁着黑夜钻进了大象的鼻子。大象觉得鼻子痒痒，就打了个喷嚏，小老鼠立刻像出膛炮弹似的飞了出去。就这么飞呀飞呀飞，好半天，才'扑通'一声掉在臭水坑里！好，现在就请大家注意一下，'臭'字的写法，'臭'是怎么写的呢？'自''大'再加一'点'就是'臭'。有趣的是，今年正好是鼠年，咱们班有不少属鼠的同学，那么，这些'小老鼠'们会不会也掉到臭水坑里呢？我想不会，但必须有一个条件，那就是永不骄傲！"说到这儿，这位班主任还特意看了看那几个男同学，那几个男同学当然明白，老师的批评全包含在那个有趣的故事中了！他们非常感激，欣然接受了老师的批评。

先批评自己

在批评他人之前先谈一谈自己从前做过的类似错事,一方面可以为对方提供活生生的例证,让他从这例证中认识到犯错的严重后果;另一方面也可以带给对方一定程度的认同感,拉近彼此的心理距离,营造出心胸开阔、坦诚相见的良好氛围,从而使对方更容易接受。

有个叫约瑟芬的食品店店员,在一次运货时因马虎而使食品店损失了两箱果酱。为此,老板对他进行了一番批评:"约瑟芬,你犯了个错。但你不知道,我曾犯的许多错误比你还糟。你不可能天生就万事精通,能力只有从实践中才能获得。而且,你在这方面比我强多了,我还曾做出那么多愚蠢的事,所以,我不愿批评任何人,但你难道不认为,如果你换一种做法的话,事情不是会更好一点吗?"约瑟芬愉快地接受了老板的批评,从此做事认真多了。

作为长辈或上级,把自己曾经的过错暴露在晚辈或下属面前,目的不在于做自我检讨,而在于以自己的经历和感悟来教育对方。这种借己说人的方法,让我们看到了融自我批评于批评中的魅力与力量。

1964 年,日本轻型电器业因受经济不景气的影响而动荡不安,于是松下电器公司决定召开全国销售会议。

在 170 家公司中,只有二十几家经营良好,其他约有 150 家的经营都出现极严重的亏损赤字。

话术

"有什么意见都可以说出来，……"松下先生一语未了，某销售公司的经理立即冲破水闸般地发泄他的不满："今天的赤字到这种地步，主要在于松下电器的指导方针太差，你作为公司的负责人一点儿都不检讨自己是否有不足之处……"

"我方的指导当然有误，可是再怎么困难也还有二十几家同仁获利。各位不觉得你们太缺乏独立自主的精神，太依赖他人，才招致今天的后果吗？"松下先生反驳道。

"还谈什么精神，我们今天来的目的不是听你说教，是来谈钱！"也有人这么露骨地表露目的。

松下先生站在台上不断地反驳他们的意见，而他们也立即反击，大骂松下公司。就在会议即将结束，决裂的局面即将出现时，情况发生了转折性的变化。

第三天最后一次会议，松下先生走到台上说："过去两天多时间大家相互指责，该说的都说了，我想没有什么好再说的了。不过，我有些感想，给大家讲讲。走到今天这个地步，所有的过失我们要共同负责。松下电器有错，身为最高负责人的我在此衷心向大家致歉。今后我方将会精心研究市场政策，结合大家的意见，不断改进工作方法，竭力帮助大家稳定经营。最后，请原谅松下电器的不足之处。"说完，松下先生向大家鞠躬。

突然间，出现了不可思议的现象——整个会场顿时安静了下来，每个人都低着头，半数以上的人还拿出手帕擦泪。

随着松下先生态度的转变，人人胸中思潮翻涌，随后便相互勉励，发誓要奋起振作。

"请董事长严加指导。我们缺点太多了，应该反省，也应该多加油去干！"

……………

由此可见，自我批评比针锋相对的辩论、指责效果要好得多。

因为下级有了过失，否定和批评下级，无可厚非，但与此同时，处于指挥和监督岗位的上级，也有不能推卸的责任。缺点和错误的改正要从领导做起，首先领导要自我批评，要多负一些责任。领导真心承担责任有三个好处：一是作了表率；二是找到了自己的问题；三是引导下属自我反省。假如领导盛气凌人，只把下级批评一顿，自己却不肯承担领导责任，认为自己一贯正确，这样的领导是缺乏责任心和不理性的。在批评下级时，领导最好首先自责，进而再点出下级的错误，使其有领导与他共同承担错误之感，由此产生负疚感。这样，在以后的交谈中领导说多说少、说深说浅，下级不仅能承受得了，而且会使彼此之间的感情更为融洽，不至于弄得不欢而散。

话 术

话里有料，让安慰、鼓励的话语力量增倍

站在同一起点上，现身说法

失意者的情绪往往很浮躁，不能平静下来，如果在这种状态下，有个人拿自己类似的经历来说给对方听，一定能给对方很大安慰。

小陈不耐烦地坐在办公桌前，望着堆在面前的一沓沓报表，一点也提不起工作的兴致来。最近，公司里连续调整了几次人事安排，与他一起进公司的几个同事都升职了，而小陈却始终窝在原岗位上动不了。他憋屈地想着："论业绩论水平，我哪点比他们差？唯一不到家的功夫就是不如他们会在领导那里溜须拍马。唉，难道奉承也是一种本事吗？"

快下班的时候，小陈被乔副总叫进了办公室。已到中年的乔副总坐在宽大的办公桌后面，以一副和善而又严肃的表情对小陈说：

"你最近好像情绪不太好？"语气中虽然充满着温和与关切，但小陈分明感到了一种难以抗拒的威严，他忐忑不安地坐在一把椅子上。乔副总不仅没有批评他，反而轻轻地叹了一口气，说："小陈啊，你是聪明人。今天找你来，我只想跟你讲一段我过去的经历，希望你听了之后能及时调整自己的心态。

"10年前，我从读完硕士后，通过应聘进了这家公司。当时我在公司里年纪最轻，而学历却是最高的，因此，当时的老板胡总非常赏识我。为了报答胡总的知遇之恩，我工作格外卖力，很快就成了公司的业务骨干，每次有重要的谈判，胡总都要把我带上。于是在大家心目中，我是胡总跟前的红人，而我自己也觉得前途一片光明。我相信，只要自己加倍努力，两年内升任为公司的中层管理人员应该是不成问题的。

"两年后，公司的人事部经理到了退休的年龄。大家纷纷猜测新的人事经理人选，都认为我是最佳人选。就在我自以为看到了曙光的时候，董事会的决定很快下来了，办公室的另一位姓黄的业务员被任命为新的人事经理。得到消息的一刹那，我真有些不敢相信，为什么平时胡总口口声声表扬我，还常常鼓励我好好干，有机会一定提拔我，而现在明明有机会了，却给了别人？

"第二天，胡总找我谈话了。他首先充分肯定了我的工作能力，然后又说，小黄的工作做得也是很不错的，相比较来说，你的抗压能力和社交能力更强一些，如果调你去人事部，业务部一下子找不到合适的顶替人选，你们部门就少了一把好手。而调文字功底和社交能力稍可的小黄去，影响就会比较小些。况且大家都知道我对你很赏识，容易给人产生偏袒亲信的错觉，所以你要正确对待这次人事变动。虽然我的心里还是有些不快，但胡总的话都已经说到这份上了，我也不能再说什么了。

"没过多久，行政部主任又另谋高就离开了公司。我想这下不可能再不提拔我了吧？可是公司在这时候戏剧性地从分公司调来一名职员，闪电般被任命为行政部主任。眼睁睁地看着又一次机会失去，我的心情低落到了极点。我想，看来胡总其实根本没把我放在心上，我再卖力工作也是无济于事的。从那时起，我在工作中产生了消极情绪，我要让大家，特别是让胡总看到，没有我的努力，公司的效益是会受到影响的。

"结果可想而知，情况越变越糟。不久，我就得知公司打算调我到一个不起眼的经营部去任经理的消息。那个经营部其实只是一个小杂货店，而且连年亏损，调我去那里，显然是在惩罚我。看来这次是真的惹恼胡总了，我开始焦急起来，想想自己这阵子的表现，也确实有些过分，我有些后悔，可又不知道该怎么办。那种矛盾不堪的心态折磨得我一连失眠了好几天。最后我想不如辞职不干了，虽然我很舍不得这份工作。

"就在我彷徨无助的时候，一天晚上，我的父亲突然问我：'你们总经理不是一直都很器重你的吗？干吗不找他谈谈，把你自己的想法都跟他说说。'我说:'我已经惹恼了他,哪还有脸面找他谈?'我父亲却说:'真正赏识你的领导就和父母一样,只要你真心认错,哪会不给你改过的机会?如果他真的不原谅你,那说明他其实并不在乎你,那时你再辞职也不迟。'

"最后我听从了父亲的劝告,主动找到了胡总。果然就跟父亲预料的一样,胡总不仅原谅了我的任性,还真诚地对我说:'小乔啊,你跟了我这么久,居然不知道我的想法?有些事情我是很难跟你说明白的。提拔下属是件很复杂的事,要综合考虑很多因素,有时给人的感觉的确是不公平的。年轻人嘛,碰到这种事有想法也是正常的,关键是要学会调整心态,正确对待。其实前段时间我们已经考虑要提拔你为业务部的经理了,可是偏偏你那时没能经受住考验,给不少董事留下了不够成熟的印象,所以最近才考虑让你到闸口经营部去锻炼锻炼。既然你今天把心里话都跟我说了,那我看你还是留在我身边吧。'"

说到这里,乔副总结束了话题,这时小陈也彻底领悟了乔副总今天找他谈话的良苦用心。这事令小陈感动不已,因为在这之前,自己也几乎要冲动地递出辞呈了。小陈站起身来,真诚地向乔副总鞠了一躬,说:"谢谢您,乔副总,请您放心,我知道今后该怎么做了。"

乔副总的现身说法达到了劝说小陈的目的。

安慰朋友的话一定要得体

当我们的朋友心情不好时，我们的安慰有时不够得体。我们大多数人都有过这样的经验，就是无意中说错了一句话，巴不得能把它收回。我们怎样才能在某个人处于心情低落的状态时对他说出适当的安慰的话呢？虽然没有严格的准则，但有些办法可以帮助我们衡量情况而进行得体恰当的表达。

1. 留意对方的感受，不要以自己为中心

当你去探访一个心情低落的状态的人时，你要记得你到那里去是为了支持他和帮助他。你要留意对方的感受，而不要只顾自己的感受。

2. 尽量静心倾听，了解他的感受

有些心情悲痛的人需要经过悲伤的阶段和说出他的感受方能疏解不良情绪。静心倾听他的经历，了解他的感受。有些在悲痛中的人不愿意多说话，你也要尊重他的这种态度。一个正在接受化疗的人说，她最感激一个朋友的关怀。那个朋友每天给她打一次电话，每次谈话都不超过一分钟，只是让她知道他惦记着她，但是并不坚持要她报告病情。

3. 说话要切合实际，但是要尽可能表现得乐观

泰莉是综合医院的一位护理临床医生，曾给几百个艾滋病患者提供咨询服务。据她说，许多人对得了重疾的人都不知道说什么才好。

他们有时无法说些"别担心，过不了多久就会好的"之类的话，因为这些话并不真实，而且病人自己也心知肚明。

"你到医院去探病时，说话要切合实际，但是要尽可能表现得乐观。"泰莉说，"例如'你觉得怎样'和'有什么我可以帮忙的吗'，这些永远都是得体的话。要让病人知道你关心他，知道有需要时你愿意帮忙。"

4. 主动提供具体的援助

一个悲恸的人，可能对日常生活的琐碎事情感到不堪重负。你可以自告奋勇，向他表示愿意替他跑腿，帮他完成一件事情。"我摔断骨头时，觉得生活完全不在我的掌握之中。"一位有个小女孩的离婚妇人琼恩说，"后来我的邻居们轮流替我开车接送孩子，使我能够放松下来。"

5. 要有足够的耐心

对于人们来说，丧失亲人的悲痛在深度上和时间上各不相同，无论时间长短，丧失亲人者的亲朋，都要有足够的耐心去安慰和帮助对方。"我丈夫死后，我在很长一段时间很伤心、很颓废，"一位老人说，"儿女们总是耐心地安慰我说：'虽然你和爸爸的感情一直很好，可是现在爸爸已经不在了，你得继续好好活下去才好……'渐渐地，我知道我得继续好好活下去，而最后我的确活下去了。这都多亏了儿女们对于我足够的耐心。"

话术

用"同病相怜"的经历来缓解对方压力

会安慰和激励人的人在说话上都是掌握了一定技巧的。有的人很会"捏造事实"来缓解被劝说者的压力。

有一位中学教师,头脑灵活,在教学工作中很讲究策略,非常善于做思想工作。

他的班上有一个男同学,人很聪明,升初中的考试成绩是全班第三名。仅过半年,期末考试却落到班级第二十七名。这位老师左思右想,也找不出这位同学退步的原因。后来,他从侧面了解到,这孩子有尿床的毛病。平日里,被褥、床单总是被他尿湿,家长很恼火,这"丢脸"的事使他自惭形秽。他的精神上有负担,便影响了学习成绩。

面对这样一个棘手的问题,想要劝慰他,消除他的精神负担,应该怎么办呢?

这位老师思考了两天,看了一些心理学方面的书籍,最后决定,在一天放学后,办公室里的其他人都走光时,找这位同学谈心。

老师聊过一些班里的杂事以后,问这位同学:"听说你会尿床,是不是?"

学生一听,脸"噌"的一下红了,头也垂得低低的。老师把他朝身边拉了拉,握住他的手说:"其实,尿床没什么大不了,我研究过,十几岁的少年儿童中,有相当一部分人都尿床,只不过是许多家长不声张罢了。"

学生一声不吭。老师继续说："老师我也尿过床。"

"真的？"他惊奇地问老师。

"怎么不是？而且一直延续到初中快毕业。有时一夜尿两三次，睡梦中，我急死了，到处找厕所，找到一个墙角，拉开裤子就尿，结果就尿了一床。"

"哎呀，我也是这样。"他仿佛找到了知音，羞怯之情一扫而光。

接着，师生俩你一句我一句地扯开了"尿经"，讲到好笑的地方，一起放声大笑。这时，他们已没师生之别，好像两个"尿友"在交流经验。

"后来你是怎么不尿床的？"学生突然问老师。

"我啊，突然有一天就好了。"老师装着回忆的神情说，"你别有心理负担，不知不觉地就好了。"

同学皱着眉头问："我只要不拿它当回事，不整天纠结，就会好？"

"那当然！"老师肯定地说，"你用不着为此烦恼。"

当他们走出办公室的时候，学生已经轻松多了。

后来，由于家庭、老师的默契配合，那位学生终于放下了思想包袱，摆脱了困境，学习大有进步。

老师的"尿床"经历是编造出来的，然而一下拉近了两人的距离，这样使劝慰和鼓励变得容易多了。